CONSTITUCIÓN POLÍTICA DE LA REPÚBLICA DE COSTA RICA

Comentada y anotada

***ACCESO GRATIS** a la Lectura en la Nube*

Para visualizar el libro electrónico en la nube de lectura envíe junto a su nombre y apellidos una fotografía del código de barras situado en la contraportada del libro y otra del ticket de compra a la dirección:

ebooktirant@tirant.com

En un máximo de 72 horas laborales le enviaremos el código de acceso con sus instrucciones.

Constitución Política de la República de Costa Rica

Comentada y anotada

2ª Edición

Mario Matarrita Arroyo

tirant lo blanch
San José, 2026

© EDITA: TIRANT LO BLANCH
DISTRIBUYE: MASTER LEX. GRUPO EDITORIAL TIRANT LO BLANCH
Master Lex
Grupo Editorial Tirant lo Blanch
San José, Yoses Sur.
Costa Rica
Tel. 2280-1370
ventas@masterlex.com
Librería virtual: editorial.tirant.com/cr/
ISBN: 979-13-7021-605-4

Si tiene alguna queja o sugerencia, envíenos un mail a: *atencioncliente@tirant.com*. En caso de no ser atendida su sugerencia, por favor, lea en *www.tirant.net/index.php/empresa/politicas-de-empresa* nuestro Procedimiento de quejas.

Responsabilidad Social Corporativa: http://www.tirant.net/Docs/RSCTirant.pdf

ÍNDICE

1. Estudio preliminar

Constitución Política
7 de noviembre de 1949 (y sus reformas)

1. ESTUDIO PRELIMINAR

Mario Matarrita Arroyo[*]

Al cumplir 75 años de su advenimiento, el 7 de noviembre de 2024, la Constitución Política de Costa Rica reforzó su posición como uno de los textos constitucionales más longevos y, en consecuencia, de mayor estabilidad en América Latina. No es este un mérito cualquiera, máxime si se lo enmarca en el contexto actual, en el que no pocas regiones del mundo —y los países que las integran— enfrentan niveles crecientes de regresión democrática e incertidumbre en cuanto a la vigencia de sus respectivos Estados de Derecho (IDEA Internacional, 2023, pp. 9-10).

De ese modo, la permanencia de este texto fundamental, por tres cuartos de siglo, encarna una decisión política de la ciudadanía costarricense que honra los compromisos adquiridos, al fundarse la Segunda República, con los presupuestos democráticos y, entre ellos, el autogobierno y los derechos de todas las personas.

Para dimensionar en justa medida ese especial valor, cabe recordar que la voz *Constitución* es un concepto axial al que se apareja una serie de conceptos radiales, tales como: Estado de Derecho, soberanía popular, democracia, regla de mayoría, poder constituyente y derechos fundamentales, entre otros. Tal vinculación responde a la correlación causal entre los fenómenos a que se refieren los términos; es decir, la idea de *Constitución*, desde sus orígenes hasta nuestros días, solo puede entenderse en clave de esas otras nociones políticamente relevantes que a ella se asocian.

---

[*] Doctor en Derecho (sobresaliente *suma cum laude*) por la Universidad Pompeu Fabra de Barcelona, España, donde también fue docente e investigador. Máster en Justicia Constitucional y licenciado en Derecho por la Universidad de Costa Rica, casa de estudios en la que, actualmente, se desempeña como docente. Especialista en Justicia Constitucional por la Universidad de Pisa (Italia), Especialista en Derecho Constitucional por la Universidad de Castilla-La Mancha (España) y Especialista en Derecho Público por la Universidad de Heidelberg (Alemania) y el Instituto Max Planck. Bachiller en Ciencias Criminológicas por la Universidad Estatal a Distancia (Costa Rica).

Desde luego, lo anterior no quiere decir que los textos constitucionales, en su condición normativa, no puedan ser definidos como un "documento adoptado en nombre del pueblo que define los poderes del gobierno, que especifica los derechos básicos de la ciudadanía, y regula las relaciones entre las instituciones de gobierno establecidas y la ciudadanía" (Loughlin, 2002, p. 1)[1]; sin embargo, para comprenderlos a profundidad es preciso que, a la par de ese entendimiento conceptual, se consideren, además, otras manifestaciones políticas y jurídicas que han favorecido su acuñamiento y puesta en práctica.

Observada desde una perspectiva general, la interacción entre el concepto axial y los radiales se explica, en parte, por la evolución histórica de la noción constitucional y su exitosa acogida en el derecho comparado: si bien el constitucionalismo es un modelo relativamente "joven" (de poco más de doscientos años), su núcleo, la *Constitución*, es una figura de antaño, paulatinamente importada a distintas latitudes desde el momento constitucional estadounidense y el —casi contemporáneo— movimiento revolucionario francés de la segunda mitad del siglo XVIII.

Así, al abordar cualquier *Constitución* —incluida la costarricense de 1949— nos enfrentamos a una noción históricamente condicionada, estrechamente vinculada con otros fenómenos políticos y jurídicos, y que, además, muestra un alto carácter polisémico: en la lengua cotidiana, hablar de una *Constitución* nos permite referir a un régimen jurídico y el orden que este funda, un texto normativo y una estructura discursiva, entre otros.

No puede negarse que ese carácter polisémico de la noción constitucional induce algún riesgo de imprecisión; sin embargo, también da cuenta de la innegable presencia del sustrato constitucional en nuestros días. Así, sucede que la *Constitución*, lejos de resultarnos ajena, adquiere la condición de referente —simbólico y material— de las sociedades en que nos agrupamos y la forma en cómo vivimos en ellas.

---

1 En un sentido similar, la Sala Constitucional de la Corte Suprema de Justicia ha explicado que la *Constitución* es "un conjunto de normas y principios fundamentales jurídicamente vinculantes, por ende, exigibles por sí mismas, frente a todas las autoridades públicas, y a los mismos particulares, sin necesidad de otras normas o actos que los desarrollen o hagan aplicables, salvo casos calificados de excepción" (sentencia n.° 3194-1992 de las 16:00 horas del 27 de octubre de 1992).

1.1. Origen de las constituciones y noción de poder constituyente

Las líneas iniciales de este estudio preliminar buscaron servir, entre otros propósitos, a caracterizar el concepto constitucional y, en paralelo, a dar relevancia a ese tipo de textos como productos jurídicos[2]; esa relevancia, podemos decir ahora, encuentra su razón de ser en los orígenes concretos de cada *Constitución*, esto en la medida en que, habitualmente, surgen ante: a) el nacimiento de una comunidad política como Estado independiente; b) la agregación de comunidades vecinas en un Estado único, que las reúne; y, c) la ruptura de una Nación con sus formas de gobierno anterior (Esquivel, 2012, p. 69).

A pesar de tratarse de eventos atípicos en la actualidad —pues un nuevo Estado no nace todos los días—, la ocurrencia de tales escenarios no es extraña en la modernidad; por el contrario, después de la paz de *Westfalia* fue cada vez más común el surgimiento, ruptura y reagrupación de poblaciones en Estados-Naciones, con la característica común de que, a la postre, emitieron documentos constitucionales para autorregularse como "entidades corporativas con un fundamento más profundo y amplio que la monarquía y el feudalismo", construidas "desde un nuevo tipo de sentimiento nacional que deriva de los puntos en común de territorio, tradiciones, lenguaje y religión" (Loughlin, 2022, p. 9). En esa ola transformadora, los conflictos bélicos y las revoluciones internas también desempeñaron un papel catalizador relevante en la dinámica de las fronteras estatales, de un lado, y la instalación de regímenes políticos que optaron por regirse constitucionalmente, de otro.

Empero esa primera aproximación de orden histórico, concretar el origen de las constituciones, como las entendemos hoy, es una labor en extremo compleja porque los instrumentos de este tipo no son del todo recientes ni existe plena uniformidad entre ellos. Para saldar esas dificultades y dar respuesta, al menos en modo genérico, a la pregunta: ¿cuál es el origen de la *Constitución*?, las teorías política y del derecho han superado el análisis casuístico para centrar su atención en la noción de poder constituyente, también heredera, como el propio constitucionalismo moderno, de las tradiciones posrevolucionarias estadounidense y francesa.

---

2 Aunque su carácter escrito no es imprescindible, en todos los casos, regularmente las constituciones asumen una expresión textual. A esta última modalidad se referirá aquí, sin que, por ello, se obvie que de hecho existen constituciones no escritas.

A esta última voz, siguiendo a Baquerizo (2021), se aproxima desde una perspectiva *ex ante* "como una capacidad atribuida a un soberano (una *potencia*)" y otra *ex post*, "como el ejercicio efectivo de esa capacidad (un *poder*)" (p. 19) cuya concreción medular, especialmente tratándose de la segunda de estas perspectivas, es la producción normativa de una *Constitución* por cuyo medio se estatuye un nuevo orden jurídico-estatal (p. 19).

De esa premisa se llega a una segunda: como su nombre lo indica, el ejercicio de esa capacidad "constituye" —de modo originario— o "modifica" —en forma derivada— una comunidad jurídica (Hernández, 1993, pp. 146-147) y es, en atención a ese fin, que el citado autor explica que, desde su concepción más extendida, el poder constituyente se asume como:

> (...) un poder revolucionario cuya manifestación desconoce limitaciones jurídicas y que, en virtud de su efectividad, provoca la instauración de una "primera constitución" y, con ello, el surgimiento de un nuevo orden jurídico (Baquerizo, 2019, p. 25).

Con todo eso en consideración, además de un atributo jurídico, que implica el ejercicio de una proyección normativa, el poder constituyente también ha sido reconocido en calidad de fuente de legitimación para los órdenes constitucionales en el marco, específicamente, de los regímenes democráticos. Por ser un lugar común en la literatura no es extraño señalar que, con su surgimiento, este poder, que ejercen órganos de representantes popularmente electos, concreta el desplazamiento de la autoridad política antes reconocida al monarca y que ahora se reconoce al pueblo (*The people*)[3], traslación evidenciada, también, en los usos lingüísticos comunes en la medida en que "el soberano" pasó a ser este último y no aquel primero, que otrora ejercía su potestad omnímoda sobre todos los súbditos de su reino.

Ese cambio sustancial fue recogido en la concepción de poder constituyente, cuya acción, se reitera, permite la instauración de un orden constitucional y, con él, la instalación de diversos poderes constituidos (denominación del francés Sieyès), autoridades que se erigen como depositarias de fragmentos de poder político que han de ejercer legítimamente, esto es, en conformidad con las prescripciones de la *Constitución* (Carpizo, 1988, pp. 150-151).

---

3 "El principio básico de la constitución moderna es que es redactada por representantes electos del pueblo reunidos en una asamblea constituyente con el propósito de establecer un régimen de gobierno limitado que respete los derechos fundamentales del individuo" (Loughlin, 2022, p. 33).

Por sus múltiples virtudes, la concepción de poder constituyente se mantiene vigente, aunque, no puede desconocerse, su uso abusivo por algunos regímenes para reformar la *Constitución* de manera regresiva, valiéndose de la "voluntad popular", por ejemplo, ha motivado a algunas voces a afirmar la necesidad de repensar el término, o bien, abandonarlo del todo (Verdugo, 2023). En ese orden de ideas, el debate propiciado es bienvenido en grado sumo.

1.2. Contenido constitucional

Según se ha visto, la principal consecuencia de la acción del poder constituyente es la fundación de un nuevo orden jurídico, que, para precisar, se contiene en las prescripciones de la *Constitución* emanada. Esa idea apunta en directo a nuevas interrogantes en el sentido de: ¿qué disposiciones o apartados figuran en una *Constitución*? Es decir, ¿cuál es su contenido?

Para atender a esas preguntas de modo apropiado, de nuevo, topamos con la dificultad derivada de la innegable diversidad constitucional y, con ella, la abundante variedad de aspectos que el poder constituyente plasma, como decisiones políticas de un momento dado, en las normas constitucionales.

Sin embargo, la respuesta a esas cuestiones puede iniciar desde un punto difícilmente debatible: que las constituciones, en términos modernos, son la expresión jurídica del vertebrado político que los propios Estados adoptan, voluntariamente, para sí mismos. De ese modo, el contenido por excelencia de las constituciones es "la organización del poder político" que, a su vez, "requiere de una estructuración que suele adquirir expresión jurídica mediante un conjunto de normas —que pueden estar o no escritas—" (Salazar, 2015, p. 1932).

Como concreción de esa vocación ordenadora de la organización política, el contenido de los textos constitucionales contempla dos principales ámbitos de regulación: de un lado, la estructura de la división de los poderes que componen la organización estatal y, de otro, la consagración de los derechos fundamentales de todas las personas, a la que se apareja, complementariamente, los mecanismos diseñados para su tutela efectiva.

Así, el contenido constitucional no impone una determinada dirección respecto de la forma de gobierno (monarquía parlamentaria o república presidencialista, por ejemplo) o el sistema político (democracia o monarquía, por ejemplo) que se escoge en cada caso, pues esas son, en conjunto con otras tantas, decisiones políticas fundamentales libradas al arbitrio del poder constituyente.

Sin embargo, en este aspecto se insiste en que, con independencia de las formas o los sistemas elegidos, y las demás decisiones elementales adoptadas, la *Constitución* está llamada a prever una estructuración institucional por cuyo medio se distribuya equilibradamente el poder, lo que, según Loughlin (2022, p. 4), supone el establecimiento permanente de un marco de gobierno (*government framework*); en igual medida, también ha de contemplar los criterios de asignación de las respectivas cuotas de poder delegadas a los poderes constituidos y, por último, los criterios de responsabilidad que su ejercicio genera[4].

Otro tanto puede decirse acerca de los derechos fundamentales, pues su declaración en el nivel constitucional expresa, en buena medida, los valores compartidos por la comunidad política (Ferreres, 2000, p. 33); sin embargo, en tesis de principio no existe un único catálogo de derechos y libertades esenciales que se deba calcar, con exactitud, para tener por satisfecho el umbral de la noción constitucional. Es más, ni el elenco de derechos debe ser idéntico ni, por otra parte, ha de asimilarse la amplitud o profundidad de su regulación, mucho menos las garantías que se opongan, en cada caso, para la restitución en su goce.

Aunque existe un elenco de derechos característico del constitucionalismo y la democracia liberal (libertad e integridad personales, igualdad, no discriminación, libres asociación y expresión, entre otros) y, además, que resulta preciso resguardar el núcleo esencial de tales derechos (Nogueira, 2005), lo cierto es que, en mayor o menor medida, el poder constituyente goza de márgenes legítimos de autonomía para su constitucionalización.

1.3. Constitución: norma jurídica suprema con carácter de rigidez

En los términos anteriormente presentados, la *Constitución* asume un papel preponderante al establecer el orden jurídico que rige al colectivo social en cuyo seno se ha promulgado. Para lograr ese cometido —y todos los restantes que cumple— el texto constitucional se vale de su carácter normativo, el que debe parte de su entendimiento actual a la *Teoría de la Constitución* del filósofo alemán, Karl Loewenstein, y a los desarrollos del profesor austriaco, Hans Kelsen.

---

4 Para profundizar en relación al diseño constitucional del Estado y la administración pública costarricenses, con perspectiva diacrónica (1823 a 1917), se refiere al estudio de Barrios (2010).

Sin ánimos de abordar a profundidad tal concepto, pues no es este el espacio para ello, la normatividad o carácter normativo de la *Constitución* es aquel atributo de esos textos que los hace vívidos, esto es, que fuerza a que su contenido sea observado cabalmente por sus destinatarios, en general, y los detentadores de poder político, en específico (Cárdenas, 1998, p. 93). A ello se ha referido Loughlin (2022), entre otros, al defender que, de hecho, la *Constitución* asume el efecto de ley fundamental (*fundamental law*) del régimen político que se instaura por su medio (p. 4), es decir, una autoridad normativa (p. 27).

Sobre la base de ese atributo, entonces, la *Constitución* no es un mero texto de consulta sino la norma superior y fundamental del ordenamiento jurídico, parámetro de validez para todas las expresiones normativas de jerarquía inferior y, en igual sentido, para los actos de las autoridades públicas y de las personas. Dada esa condición, se impone la obligación de que la realidad y el contexto en el que habitan la *Constitución* sean ajustados, cuantas veces se requiera, para dar efectivo cumplimiento a las normas expresadas en las disposiciones constitucionales; de lo contrario, acontece su deriva y su relegación a un "concepto formal y abstracto hasta el extremo, positivista consecuentemente, puesto que es una pura realidad estructural de hecho, sean cuales sean los valores que exprese" (García de Enterría, 1979, p. 294).

De esa suerte, el carácter normativo supremo se presenta como una *vis* vinculante que, además de reflejar la identidad societal, descansa en:

> (...) su adaptabilidad a las circunstancias, en su capacidad para desarrollar y coordinar objetivamente a las fuerzas políticas, sociales y económicas; en expresar los acuerdos básicos de una sociedad, y en la posibilidad de brindar a los distintos grupos sociales y políticos los mecanismos para solucionar los conflictos (Cárdenas, 1998, p. 95).

Importa señalar que todo ello se puede entender, únicamente, en clave democrática, por cuanto el atributo de normatividad fundamental de las constituciones es una seña característica del constitucionalismo moderno y, como extensión de sus ideas, de los Estados Constitucionales y Democráticos de Derecho; fuera de los linderos de esos desarrollos, el carácter normativo se difumina para exhibir, por ende, una potencia de acción disminuida o inexistente.

Otro rasgo distintivo de la *Constitución*, que acompaña su condición de norma suprema, reside en su consabida rigidez. A ese concepto se ha aproximado desde distintos extremos, pero siempre en el entendido de que ese atributo permite la estabilidad de las decisiones políticas adoptadas por el poder constituyente y, con ello, su permanencia en el tiempo. La rigidez constitucional es especialmente relevante, siguiendo a Ferreres, justamente en lo que refiere a la estructura del Estado y las relaciones de sus distintos órganos, así como en materia de los derechos y libertades consagrados en el texto constitucional (2000, pp. 29-30); es decir, en los contenidos constitucionales por excelencia.

Contrario a lo que puede pensarse a primera vista, lo afirmado no implica que la *Constitución* deba permanecer inalterada —pétrea— durante su vigencia; en realidad, es esperable y deseado que, bajo ciertas condiciones y al amparo de procedimientos definidos de previo, el contenido constitucional se transforme evolutivamente, de modo que logre un mejor acompasamiento del texto con los tiempos y las dinámicas cambiantes de nuestras realidades individual y colectiva.

En todo caso, la rigidez constitucional apunta a conservar los fundamentales acuerdos políticos a través de una complejización de los procedimientos que el propio texto prevé para su reforma, ya sea integral o parcial. De tal modo, la *Constitución* será considerada rígida en tanto sus trámites de reforma o renovación total presentan altos niveles de complejidad (con mayor número de etapas o el imperativo de mayorías reforzadas para su aprobación, por ejemplo) y, por el contrario, será flexible si esas acciones de cambio —parcial o total— se ejecutan a través del procedimiento ordinario de emisión de las leyes.

A la objeción formulada contra la rigidez constitucional, en el sentido de que impide el necesario cambio y evolución del texto, se ha dado respuesta sobre la base del carácter abstracto con que se formulan las disposiciones de la *Constitución* —de modo que admiten interpretaciones diversas y evolutivas—, la labor transformadora del control judicial y la *reformabilidad* de la *Constitución*, esto es, la prerrogativa de los órganos políticos para concitar el apoyo requerido a efectos de reformar ese texto fundamental y, en consecuencia, las interpretaciones que de él rinden los operadores jurídicos (Ferreres, 2000, pp. 33-42).

Finalmente, la experiencia de distintos órdenes jurídicos muestra que la evolución constitucional también deriva de la interacción entre los derechos internacional e interno (Saiz Arnaiz, 1999)[5], a la luz, especialmente, de las obligaciones internacionales adquiridas por los Estados, entre las que asumen especial consideración aquellas relacionadas con la tutela de los dere-

---

5 En la vigente Constitución Política de Costa Rica, el artículo 7 da cuenta de la interacción entre el derecho internacional y el ordenamiento interno.

chos humanos (Monroy, 2008). Todas estas fuentes de transformación de la *Constitución*, lejos de afectar su rigidez, contribuyen a su mantenimiento y su aplicabilidad directa.

2. DEVENIR CONSTITUCIONAL COSTARRICENSE

Completadas las precisiones teóricas del estudio preliminar, cabe, ahora, referirse a la senda constitucional que Costa Rica ha transitado y que desembocó en la actual Constitución Política de 1949. Para ello, lo primero por señalar es que la tradición constitucional en nuestro país no solo es profunda, pues data de los primeros años de vida independiente del Estado, sino que, examinada desde lo epistemológico, denota la consolidación de vastos aprendizajes y experiencias obtenidos de los textos constitucionales que antecedieron al actual (Esquivel, 2012, p. 72).

Ambos aspectos comentados, lejos de resultar nimios, son evidencia de la arraigada cultura política costarricense, que perfila la conciencia y proclividad ciudadana a dotarse de una *Constitución* y, dando un paso más allá, a observar sus disposiciones en plenitud de forma. En esa medida se afirma que, siguiendo a Hernández (1992) y Esquivel (2012), en el devenir constitucional del país se cuenta una pluralidad de estos documentos fundamentales que pueden ser englobados, al decir de esos autores, en distintas etapas, a saber: la de "ensayo" (de los años 1821 a 1871), la de "madurez" (de 1871 a 1949) y la actual (de 1949 a la fecha), que reúne, como ya fue indicado, el mérito suficiente para ser conocida como la de "estabilidad"[6].

Según los periodos que se abarcan en esas fases[7], respectivamente, puede ubicarse cada uno de los catorce documentos constitucionales que han regido en Costa Rica, de la siguiente manera:

a) **Etapa de ensayo**: constituciones de 1821, 1823 (Primer Estatuto Político), 1823 (Segundo Estatuto Político), 1824[8], 1825, 1841, 1844, 1847, 1848, 1859, 1869 y 1871.

---

6 Denominación propia del autor de este estudio, elegida sobre la base de los citados desarrollos de Hernández (1992) y Esquivel (2012).

7 Las etapas propuestas se traslapan en la medida en que existen dos documentos constitucionales que, puntualmente, son incluidos en igual número de etapas: las constituciones de 1871 y 1949, las cuales, entonces, se consideran "puentes" o elementos normativos de transición entre una fase y la siguiente (las de ensayo y madurez, en el caso del texto de 1871; y la de madurez y estabilidad, en el caso de la *Constitución* de 1949).

8 Algunos autores, como Esquivel (2012, p. 70), prescinden de incluir en ese prontuario constitucional la Constitución Federal de 1824. Como nota aclaratoria adicional,

b) **Etapa de madurez**: constituciones de 1871, 1917 y 1949.

c) **Etapa de estabilidad**: Constitución Política de 1949.

Dados sus contenidos y sus caracteres diferenciados, todas las constituciones agrupadas presentan naturales líneas de continuidad y ruptura en relación con los textos previos y posteriores; por el carácter general de estas páginas, tampoco corresponde aquí valorar —a profundidad— en qué se asemejan y en qué difieren cada una de ellas, aunque, para ese efecto, pueda referirse a obras que sí responden a ese fin, como las de Obregón (2009).

Sin embargo, con ocasión de estas reflexiones sí vale la pena afirmar que, en las constituciones promulgadas durante la **etapa de ensayo**, existieron claras preocupaciones por sentar las bases institucionales de la vida independiente costarricense, consolidando un proyecto político estable, de un lado, y la satisfacción de las necesidades de la población en un contexto inédito de autogobierno, de otro.

Así, superados los primeros años de vida postcolonial, el proceso de constitucionalización tomó forma con una alta vocación de originalidad, ya que, lejos de recurrir a esquemas normativos importados de otras latitudes —aunque la Constitución de Cádiz y la tradición estadounidense sirvieron de inspiración—, las constituciones nacionales de esta primera fase se sucedieron como modificaciones graduales de los primeros modelos (Esquivel, 2012, p. 72).

Por su parte, en lo que a la dirección política respecta, con posterioridad a la Campaña Nacional de 1856, las constituciones costarricenses recogieron las perspectivas del liberalismo para, desde su égida, regular la estructura estatal, los equilibrios de poder entre los órganos públicos y, finalmente, los derechos de quienes, para ese entonces, se contaban entre las casi cien mil personas costarricenses y residentes en el país (Thiel, 2011).

Dentro de esa etapa, las constituciones promulgadas se recogen en la siguiente tabla, con indicación acerca de algunas de sus particularidades

---

en este recuento tampoco se incluye la Constitución de Cádiz (1812) por cuanto no fue adoptada por el Estado independiente de Costa Rica, aunque se considera, de hecho, el germen que informó los desarrollos constitucionales posteriores.

Tabla n.° 1. Constituciones costarricenses en la etapa de ensayo

Año	Nombre	Particularidades
1821	Pacto Social Fundamental Interino de Costa Rica (Pacto de Concordia)	Inspirada en la Constitución de Cádiz, fue complementada con dos estatutos políticos. Reconoció garantías individuales y el incipiente nacimiento de la función judicial
1823 (marzo)	Primer Estatuto Político de la Provincia de Costa Rica	Supone una revisión al Pacto de Concordia que, empero, entró en vigencia como un nuevo texto constitucional. Conllevó desligar a Costa Rica del Imperio mexicano y la reestructuración del gobierno. Es la *Constitución* de más corta vigencia
1823 (mayo)	Segundo Estatuto Político de la Provincia de Costa Rica	Confirmó la independencia de la provincia costarricense y, al igual que los dos textos anteriores, confió el gobierno a una Junta Superior Gubernativa, con potestades legislativas y ejecutivas, mientras que las funciones judiciales se encargaron a las alcaldías ordinarias
1824	Constitución Federal Centroamericana	Texto base de la República Federal Centroamericana, integrada por Guatemala, El Salvador, Honduras, Nicaragua y Costa Rica. Previó una organización con tres poderes federales: Presidencia (Ejecutivo), Congreso y Senado (Legislativo), y Corte Suprema de Justicia (Judicial)
1825	Ley Fundamental del Estado Libre de Costa Rica	Influenciada por el movimiento constitucionalista francés (principio de igualdad ante la ley, libertad de expresión, inviolabilidad de la propiedad, etc.). Previó las municipalidades como gobiernos locales, mientras que en el gobierno central se mantuvo la organización tripartita
1841	Ley de Bases y Garantías	Texto hijo del régimen dictatorial de Carrillo. Consolida en el Jefe de Estado, inamovible y no sujeto a responsabilidad, los poderes políticos; previó cinco departamentos: Cartago, San José, Heredia, Alajuela y Guanacaste
1844	Constitución Política del Estado Libre de Costa Rica	Tuvo como base el proyecto constitucional de 1839 y reprodujo los esquemas de la *Constitución* de 1825. Es novedosa respecto de las garantías individuales de los costarricenses, al definirlas en forma clara. Instaló un gobierno tripartito y restableció las municipalidades

Año	Nombre	Particularidades
1847	Constitución Política de Costa Rica	Responde a la idea de fortalecer al Poder Ejecutivo en detrimento del Legislativo. Otorgó a las municipalidades iniciativa de reforma constitucional
1848	Constitución de la República de Costa Rica	Surgida por la vía de la reforma constitucional, con los fines de fortalecer todavía más al Poder Ejecutivo y terminar, en forma definitiva, con los proyectos de unión centroamericana. Dota de carácter republicano a Costa Rica y elimina la iniciativa de reforma constitucional de las municipalidades
1859	Constitución Política de Costa Rica	Por primera vez se establecen los límites geográficos de la República y se estatuye un Consejo de Estado. Marca una diferencia entre las garantías nacionales (independencia entre poderes, etc.) y las individuales (igualdad, libertad, no retroactividad de la ley, etc.)
1869	Constitución Política de Costa Rica	Declaratoria constitucional de la enseñanza primaria de ambos sexos, obligatoria, gratuita y sufragada por la Nación. Se restablece la iniciativa de reforma constitucional en favor de las municipalidades
1871	Constitución Política de Costa Rica	Inaugura la etapa de madurez

Fuente: elaboración propia con base en Esquivel (2012).

Los textos normativos de la etapa de ensayo representan la simiente del consolidado régimen político que, en 1871, dio inicio con la promulgación de la *Constitución* de ese año. Como aspecto definitorio de la **etapa de madurez**, destaca la vigencia discontinua[9] del indicado texto fundamental por un espacio aproximado de sesenta y cinco años, lapso de pervivencia únicamente superado por la actual Constitución Política de 1949.

Empero su cuestionable contexto de alumbramiento, pues fue adoptada por el régimen autoritario de Tomás Guardia Gutiérrez, la *Constitución* costarricense de 1871 reditúa la experiencia acumulada de los anteriores textos

[9] Dado que rigió en tres momentos distintos: de 1871 a 1876; de 1882 a 1917; y, de 1919 a 1949 (Esquivel, 2012).

constitucionales, de modo que, en realidad, representó un paso más en el proceso de constitucionalización en marcha. Con ese documento fundamental, de carácter flexible, en virtud de la habilitación de la Asamblea Legislativa como poder constituyente derivado, las garantías individuales de los costarricenses avanzaron en su consagración definitiva, con especial incidencia en matria abolición de la pena de muerte y, asimismo, en la regulación de los derechos de irretroactividad de la ley, igualdad, libertad de expresión y otros.

Aunque claramente diseñada con una vocación de excesiva centralidad del poder político en manos de la Presidencia, la *Constitución* de 1871 mantuvo el esquema tripartito con los restantes poderes Legislativo y Judicial; también, llama la atención que, contrario a lo esperado por la ascendencia castrense del Presidente Guardia Gutiérrez, al amparo del aludido texto constitucional operó un debilitamiento paulatino de la organización militar costarricense.

Uno de los principales momentos de interrupción en la vigencia de la *Constitución* de 1871 ocurrió con la ruptura del orden constitucional en 1917, merced al golpe militar de Federico Tinoco Granados. Producto de esa irrupción ilegítima, el gobierno de facto promovió una nueva *Constitución* —cuyo proyecto fue preparado por una comisión de expresidentes de la República (Esquivel, 2012, p. 93)— y que tuvo, como innovaciones medulares:

> (...) la mención de varios fallos y tratados de límites —el Laudo Cleveland, el Laudo Loubet, el tratado Anderson—Porras y el Laudo White—, la prohibición de que los tribunales aplicasen leyes o decretos en perjuicio de la constitución, la facultad al Ejecutivo de restablecer la universidad (suprimida en 1888) y, sobre todo, la obligación del Estado de velar por el bienestar de la clase trabajadora y de dictar las leyes que fueren convenientes (Esquivel, 2012, p. 93).

La suerte de la *Constitución* de 1917 siempre estuvo ligada a la del régimen golpista, de modo que, depuesto el segundo, la primera fue abolida con inmediatez, lo que deparó el restablecimiento del texto constitucional de 1871 para su tercer y último periodo de vigencia en la historia del país.

Con el estallido del conflicto armado de 1948 y la consecuente victoria del Ejército de Liberación Nacional y sus aliados, un nuevo proceso constituyente produjo la aprobación de la Constitución Política de 1949 y, con ella, fue inaugurada la **etapa de estabilidad** que se mantiene hasta el presente, sobre la base de ese texto.

Las notas características de la *Constitución* vigente destacan en clave democrática, no solo por haber sido elaborada por una asamblea constituyente con representación de distintas fuerzas políticas[10] sino por el establecimiento de un complejo entramado de control al poder político, que pertenece al "soberano" (el pueblo) y cuyo ejercicio delega, con arreglo a determinados procedimientos, en los poderes Ejecutivo, Legislativo y Judicial en conjunto con otros órganos y autoridades públicas.

Prueba del inacabado esfuerzo por depurar su contenido es que la Constitución Política de 1949 cuenta con más de cincuenta reformas que, desde su implementación, han sido aprobadas a fin de ajustar su texto (Rodríguez, 2001 y Matarrita, 2022) al estado actual de los tiempos. No obstante ello, lo cierto es que ese documento constitucional aún mantiene vigencia y, en esa medida, porque los intentos de su remozamiento integral no han conseguido los apoyos políticos y ciudadanos suficientes.

Sobre la base de todo lo anterior, la Constitución Política de Costa Rica de 1949, tributaria de los desarrollos constitucionales del pasado, fue proclamada como una respuesta institucional desplegada para cerrar las heridas derivadas de la guerra de 1948, de ahí que esa *Constitución* sea, en toda regla, una cicatriz democrática. Con el pasar de los años, ese texto constitucional también ha devenido un recordatorio latente, aún hoy, de los caros sacrificios de nuestros antepasados por una sociedad en la que todos y todas, sin excepción, tengamos cabida, aspiración que se mantiene incólume al día de hoy.

---

10 Con la marcada ausencia del comunismo, marginado de esas discusiones y posteriormente expoliado del contexto político costarricense al finalizar el conflicto armado de 1948 por, entre otras acciones, la proscripción constitucional dispuesta en su contra por medio del segundo párrafo de su artículo 98 (posteriormente reformado en 1975) (Chacón, 2019, p. 87).

BIBLIOGRAFÍA

Baquerizo, J. (2021). *El concepto de "poder constituyente". Un estudio de teoría analítica del Derecho*. Madrid: Marcial Pons.

Barrios, S. (2010). Desarrollo del Estado y la conformación de la Administración Pública en Costa Rica de 1823 a 1917, en *Diálogos, Revista Electrónica de Historia*, 11(1), pp. 20-80.

Cárdenas, J. (1998). Hacia una Constitución normativa, en VV AA. *El significado actual de la Constitución*. Ciudad de México: UNAM e Instituto de Investigaciones Jurídicas.

Carpizo, J. (1988). Algunas reflexiones sobre poder constituyente, en VV AA. *Estudios en homenaje al doctor Hector Fix-Zamudio en sus treinta años como investigador de las ciencias jurídicas*. Ciudad de México: UNAM.

Chacón, G. (2019). Exilio comunista costarricense en México 1940-1950: el caso de Manuel Mora Valverde, en *Repertorio Americano*, 29, pp. 79-100.

Esquivel, H. (2012). Desarrollo constitucional de Costa Rica, en *Revista de Ciencias Jurídicas*, 103, pp. 69-102.

Ferreres, V. (2000). Una defensa de la rigidez constitucional, en *Doxa, Cuadernos de Filosofía del Derecho*, 23, pp. 29-47.

García de Enterría, E. (1979). La Constitución como norma jurídica, en *Anuario de Derecho Civil*, 2-3, Tomo XXXIII, Estudios monográficos, pp. 291-342.

Hernández, R. (1992). El sistema constitucional costarricense, en García, D., Fernández, F. y Hernández, R. (coords.). *Los sistemas constitucionales iberoamericanos* (pp. 211-219). Madrid: Editorial Dykinson.

(------------). (1993). El poder constituyente derivado y los límites jurídicos del poder de reforma constitucional, en *Revista Española de Derecho Constitucional*, 37, pp. 143-155.

IDEA Internacional (2023). *El estado de la democracia en el mundo y las Américas 2023 Los nuevos pesos y contrapesos*. Estocolmo: IDEA Internacional.

Loughlin, M. (2022). *Against constitutionalism*. Cambridge y Londres: Harvard University Press.

Matarrita, M. (2022). ¿Guerra de Cortes en Costa Rica? Los conflictos entre las jurisdicciones constitucional y electoral [Tesis de doctorado]. Departamento de Derecho, Universidad Pompeu Fabra.

Monroy, M. (2008). El Derecho Internacional como fuente del Derecho Constitucional, en *Anuario Colombiano de Derecho Internacional*, 1(1), pp. 107-138.

Nogueira, H. (2005). Aspectos de una Teoría de los Derechos Fundamentales: La Delimitación, Regulación, Garantías y Limitaciones de los Derechos Fundamentales, en *Ius et Praxis*, 11(2), pp. 15-64.

Obregón, C. (2009). *Las Constituciones de Costa Rica*, tomos I a V. San José: Editorial UCR.

Rodríguez, J. (2001). Las reformas constitucionales en el diseño del sistema político costarricense: el caso de la consulta preceptiva de constitucionalidad (1889-1997) [Tesis de maestría no publicada]. Sistema de Estudios de Posgrado, Universidad de Costa Rica.

Saiz Arnaiz, A. (1999). *La apertura constitucional al derecho internacional y europeo de los derechos humanos: el artículo 10.2 de la Constitución española*. Madrid: Consejo General del Poder Judicial.

Salazar, P. (2015). Sobre el concepto de Constitución, en Fabra, J. y Núñez, A. (coords.). *Enciclopedia de filosofía y teoría del derecho*. México: UNAM e Instituto de Investigaciones Jurídicas.

Verdugo, S. (2023). Is it time to abandon the theory of constituent power?, en *International Journal of Constitutional Law*, 21(1), pp. 14-79.

APUNTES A LA EDICIÓN COMENTADA Y ANOTADA

De seguido, a la persona lectora se le ofrece el texto de la Constitución Política aprobada el 7 de noviembre de 1949, que consta de ciento noventa y siete artículos y dieciocho títulos, relativos a: la República (I); los costarricenses (II); los extranjeros (III); los derechos y garantías individuales y sociales (IV y V); la religión (VI); la educación y la cultura (VII); los derechos y deberes políticos (VIII); el Poder Legislativo (IX); el Poder Ejecutivo (X); el Poder Judicial (XI); el régimen municipal (XII); la hacienda pública (XIII); las instituciones autónomas (XIV); el servicio civil (XV); el juramento constitucional (XVI); las reformas de la Constitución (XVII); y, las disposiciones finales (XVIII). También se incorporan las disposiciones transitorias implementadas.

En este volumen, cada artículo se acompaña de las reformas al texto aprobado en 1949 (octubre de 2025, fecha de cierre de esta segunda edición) y, además, de otros dos complementos; de un lado, una anotación al margen (AM) por artículo cuyo propósito es, a razón de descriptor, sintetizar el contenido de cada disposición constitucional, y, de otro, con sentencias del intérprete supremo de la Constitución en Costa Rica, la Sala Constitucional de la Corte Suprema de Justicia (SC).

Ambos recursos procuran ofrecer información relevante acerca del contenido de cada norma constitucional para que la persona lectora pueda acceder a un conocimiento más amplio y profundo respecto de la norma fundamental de nuestro ordenamiento jurídico.

Importa concluir señalando que, como declaratoria de responsabilidad del autor, las sentencias de la Sala Constitucional seleccionadas para cada uno de los artículos no tienen propósitos de exhaustividad, es decir, no agotan el acervo jurisprudencial del tribunal constitucional en relación con esas normas. Su selección ha operado sobre la base de criterios de relevancia, lo que no necesariamente implica que, en sus marcos, fueran abordadas todas las discusiones interpretativas acerca de tales normas, sino solo algunas de las más trascendentes. Exclusiones e incorporaciones de nuevas sentencias relevantes podrán ser contempladas para ediciones futuras de esta obra.

CONSTITUCIÓN POLÍTICA
7 DE NOVIEMBRE DE 1949
(Y SUS REFORMAS)

Nosotros, los Representantes del pueblo de Costa Rica, libremente elegidos Diputados a la Asamblea Nacional Constituyente, invocando el nombre de Dios y reiterando nuestra fe en la Democracia, decretamos y sancionamos la siguiente:

Constitución Política de la República de Costa Rica

TÍTULO I. LA REPÚBLICA

CAPÍTULO ÚNICO

Caracteres de la República

Artículo 1.- Costa Rica es una República democrática, libre, independiente, multiétnica y pluricultural.

Reforma: Reformado por ley n.° 9305 del 24 de agosto de 2015, publicada en la Gaceta n.° 191 del 1.° de octubre de 2015.

Sentencias SC: 09197-2006; 12017-2002; y, 14255-2020.

Soberanía popular

Artículo 2.- La soberanía reside exclusivamente en la Nación.

Sentencias SC: 13381-2006; y, 9469-2007.

Traición a la patria

Artículo 3.- Nadie puede arrogarse la soberanía; el que lo hiciere cometerá el delito de traición a la Patria.

Sentencias SC: 03582-1995; y, 19711-2020.

Sedición

Artículo 4.- Ninguna persona o reunión de personas puede asumir la representación del pueblo, arrogarse sus derechos, o hacer peticiones a su nombre. La infracción a este artículo será sedición.

Sentencia SC: 18940 2009.

Delimitación territorial

Artículo 5.- El territorio nacional está comprendido entre el Mar Caribe, el Océano Pacífico y las Repúblicas de Nicaragua y Panamá.

Los límites de la República son los que determina el Tratado Cañas-Jerez de 15 de abril de 1858, ratificado por el Laudo Cleveland de 22 de marzo de 1888, con respecto a Nicaragua, y el Tratado Echandi Montero-Fernández Jaén de 1° de mayo de 1941 en lo que concierne a Panamá.

La Isla del Coco, situada en el Océano Pacífico, forma parte del territorio nacional.

Sentencias SC: 18940-2009; y, 04519-2011.

Soberanía territorial y jurisdicción especial sobre los recursos naturales

Artículo 6.- El Estado ejerce la soberanía completa y exclusiva en el espacio aéreo de su territorio, en sus aguas territoriales en una distancia de doce millas a partir de la línea de baja mar a lo largo de sus costas, en su plataforma continental y en su zócalo insular de acuerdo con los principios del Derecho Internacional.

Ejerce además, una jurisdicción especial sobre los mares adyacentes a su territorio en una extensión de doscientas millas a partir de la misma línea, a fin de proteger, conservar y explotar con exclusividad todos los recursos y riquezas naturales existentes en las aguas, el suelo y el subsuelo de esas zonas, de conformidad con aquellos principios.

Reforma: Reformado por ley n.° 5699 del 5 de junio de 1975, publicada en el tomo IV de la Colección de Leyes y Decretos de 1975, La Gaceta n.° 110 del 13 de junio de 1975.

Sentencias SC: 00010-1992; 05399-1993; y, 09469-2007.

Jerarquía de fuentes de Derecho Internacional

Artículo 7.- Los tratados públicos, los convenios internacionales y los concordatos, debidamente aprobados por la Asamblea Legislativa, tendrán desde su promulgación o desde el día que ellos designen, autoridad superior a las leyes.

Los tratados públicos y los convenios internacionales referentes a la integridad territorial o la organización política del país, requerirán aprobación de la Asamblea Legislativa, por votación no menor de las tres cuartas partes de la totalidad de sus miembros, y la de los dos tercios de los miembros de una Asamblea Constituyente, convocada al efecto.

Reforma: Reformado por ley n.° 4123 del 31 de mayo de 1968, publicada en el tomo II de la Colección de Leyes y Decretos de 1968, La Gaceta n.° 127 del 4 de junio de 1968.

Sentencias SC: 06624-1994; 03625-2005; y, 13924-2006.

Sede de misiones diplomáticas

Artículo 8.- Los Estados extranjeros sólo podrán adquirir en el territorio de la República, sobre bases de reciprocidad, los inmuebles necesarios para sede de sus representaciones diplomáticas, sin perjuicio de lo que establezcan los convenios internacionales.

Sentencias SC: 08815-2006; y, 03204-2007.

Estructura y caracteres del gobierno

Artículo 9.- El Gobierno de la República es popular, representativo, participativo, alternativo y responsable. Lo ejercen el pueblo y tres Poderes distintos e independientes entre sí. El Legislativo, el Ejecutivo y el Judicial.

Ninguno de los Poderes puede delegar el ejercicio de funciones que le son propias.

Un Tribunal Supremo de Elecciones, con el rango e independencia de los Poderes del Estado, tiene a su cargo en forma exclusiva e independiente la organización, dirección y vigilancia de los actos relativos al sufragio, así como las demás funciones que le atribuyen esta Constitución y las leyes.

Reformas: Adicionado el último párrafo por ley n.° 5704 del 5 de junio de 1975, publicada en el tomo IV de la Colección de Leyes y Decretos de 1975, La Gaceta n.° 110 del 13 de junio de 1975. Reformado por ley n.° 8364 de 1.° de julio de 2003, publicada en La Gaceta n.° 146 del 31 de julio del 2003.

Sentencias SC: 01876-1990; y, 02232-1991.

Órgano y funciones de la justicia constitucional

Artículo 10.- Corresponderá a una Sala especializada de la Corte Suprema de Justicia declarar, por mayoría absoluta de sus miembros, la inconstitucionalidad de las normas de cualquier naturaleza y de los actos sujetos al Derecho Público. No serán impugnables en esta vía los actos jurisdiccionales del Poder Judicial, la declaratoria de elección que haga el Tribunal Supremo de Elecciones y los demás que determine la ley.

Le corresponderá además:

a) Dirimir los conflictos de competencia entre los poderes del Estado, incluido el Tribunal Supremo de Elecciones, así como con las demás entidades u órganos que indique la ley.

b) Conocer de las consultas sobre proyectos de reforma constitucional, de aprobación de convenios o tratados internacionales y de otros proyectos de ley, según se disponga en la ley.

Reformas: Reformado el párrafo primero por ley n.° 5701 del 5 de junio de 1975, publicada en La Gaceta n.° 110 del 13 de junio de 1975.
Reformado por ley n.° 7128 del 18 de agosto de 1989, publicada en La Gaceta n.° 166 del 1.° de septiembre de 1989.

Sentencias SC: 03194-1992; y, 05649-2005.

Ejercicio de la función pública

Artículo 11.- Los funcionarios públicos son simples depositarios de la autoridad. Están obligados a cumplir los deberes que la ley les impone y no pueden arrogarse facultades no concedidas en ella. Deben prestar juramento de observar y cumplir esta Constitución y las leyes. La acción para exigirles la responsabilidad penal por sus actos es pública. La Administración Pública en sentido amplio, estará sometida a un procedimiento de evaluación de resultados y rendición de cuentas, con la consecuente responsabilidad personal para los funcionarios en el cumplimiento de sus deberes. La ley señalará los medios para que este control de resultados y rendición de cuentas opere como un sistema que cubra todas las instituciones públicas.

Reforma: Reformado por ley n.° 8003 del 8 de junio de 2000, publicada en La Gaceta n.° 126 del 30 de junio de 2000.

Sentencias SC: 03410-1992; 01739-1992; 06780-1994; 15048-2010.

Proscripción del ejército

Artículo 12.- Se proscribe el Ejército como institución permanente.

Para la vigilancia y conservación del orden público, habrá las fuerzas de policía necesarias.

Sólo por convenio continental o para la defensa nacional podrán organizarse fuerzas militares; unas y otras estarán siempre subordinadas al poder civil; no podrán deliberar, ni hacer manifestaciones o declaraciones en forma individual o colectiva.

Sentencias SC: 03020-2000; y, 14193-2008.

TÍTULO II. LOS COSTARRICENSES

Artículo 13.- Son costarricenses por nacimiento:

Nacionalidad por nacimiento

1) El hijo de padre o madre costarricense nacido en el territorio de la República;

2) El hijo de padre o madre costarricense por nacimiento, que nazca en el extranjero, y se inscriba como tal en el Registro Civil, por la voluntad del progenitor costarricense, mientras sea menor de edad, o por la propia hasta cumplir veinticinco años;

3) El hijo de padres extranjeros nacido en Costa Rica que se inscriba como costarricense, por voluntad de cualquiera de sus progenitores mientras sea menor de edad, o por la propia hasta cumplir veinticinco años;

4) El infante, de padres ignorados, encontrado en Costa Rica.

Sentencia SC: 01786-1993.

Artículo 14.- Son costarricenses por naturalización:

Nacionalidad por naturalización

1) Los que hayan adquirido esta nacionalidad en virtud de leyes anteriores.

2) Los nacionales de otros países de Centroamérica, los españoles y los iberoamericanos por nacimiento que hayan residido oficialmente en el país durante cinco años como mínimo y que cumplan con los demás requisitos que fije la ley.

3) Los centroamericanos, los españoles y los iberoamericanos que no lo sean por nacimiento y los demás extranjeros que hayan residido oficialmente en el país durante siete años como mínimo y que cumplan con los demás requisitos que fije la ley.

4) La mujer extranjera que al contraer matrimonio con costarricense pierda su nacionalidad.

5) Las personas extranjeras que al casarse con costarricenses pierdan su nacionalidad o que luego de haber estado casadas dos años con costarricenses, y de residir por ese mismo período en el país, manifiesten su deseo de adquirir la nacionalidad costarricense.

6) Quienes ostenten la nacionalidad honorífica otorgada por la Asamblea Legislativa.

Reformas: Reformado por ley n.° 7065 del 21 de mayo de 1987, publicada en el tomo I de la Colección de Leyes y Decretos de 1987, La Gaceta n.° 138 del 22 de julio de 1987.
Reformado el inciso 5) por ley n.° 7879 del 13 de mayo de 1999, publicada en La Gaceta n.° 118 del 18 de junio de 1999.

Sentencias SC: 3435-1992; 05270-2011; y, 11734-2011.

Nota aclaratoria: Por sentencia n.° 3435-1992 de las 16:20 horas del 11 de noviembre de 1992, la Sala Constitucional de la Corte Suprema de Justicia señaló que, con el fin de evitar situaciones que induzcan desigualdad y discriminación, "(...) cuando en la legislación se utilicen los términos "hombre" o "mujer", deberán entenderse como sinónimos de "persona" (...)".

Requisitos para la nacionalidad por naturalización

Artículo 15.- Quien solicite la naturalización deberá: acreditar su buena conducta, demostrar que tiene oficio o medio de vivir conocido, que sabe hablar, escribir y leer el idioma español, someterse a un examen comprensivo de la historia del país y sus valores, prometer que residirá en el territorio nacional de modo regular y jurar que respetará el orden constitucional de la República.

Por medio de ley se establecerán los requisitos y la forma para tramitar la solicitud de naturalización.

Reforma: Reformado por ley n.° 7065 del 21 de mayo de 1987, publicada en el tomo I de la Colección de Leyes y Decretos de 1987, La Gaceta n.° 138 del 22 de julio de 1987.

Sentencias SC: 06674-2004; y, 05270-2011.

Irrenunciabilidad de la nacionalidad

Artículo 16.- La calidad de costarricense no se pierde y es irrenunciable.

Reformas: Reformado por ley n.° 2739 del 12 de mayo de 1961, publicada en La Gaceta n.° 111 del 17 de mayo de 1961
Reformado por ley n.° 7514 del 6 de junio de 1995, publicada en La Gaceta n.° 122 del 27 de junio de 1995.

Sentencias SC: 08268-2003; y, 05474-2009.

Trascendencia de la nacionalidad adquirida

Artículo 17.- La adquisición de la nacionalidad trasciende a los hijos menores de edad conforme a la reglamentación establecida en la ley.

Reforma: Reformado por ley n.° 7514 del 6 de junio de 1995, publicada en La Gaceta n.° 122 del 27 de junio de 1995.

Sentencias SC: 02744-1993; y, 09000-2010.

Artículo 18.- Los costarricenses deben observar la Constitución y las leyes, servir a la Patria, defenderla y contribuir para los gastos públicos.

Deberes de las personas costarricenses

Sentencias SC: 05749-1993; y, 08191-2000.

TÍTULO II. LOS EXTRANJEROS

Artículo 19.- Los extranjeros tienen los mismos deberes y derechos individuales y sociales que los costarricenses, con las excepciones y limitaciones que esta Constitución y las leyes establecen.

Derechos y deberes de las personas extranjeras

No pueden intervenir en los asuntos políticos del país, y están sometidos a la jurisdicción de los tribunales de justicia y de las autoridades de la República, sin que puedan ocurrir a la vía diplomática, salvo lo que dispongan los convenios internacionales.

Sentencias SC: 02093-1993; 00196-1994; 04601-1994; y, 10422-2003.

TÍTULO II. DERECHOS Y GARANTÍAS INDIVIDUALES

CAPÍTULO ÚNICO

Artículo 20.- Toda persona es libre en la República, quien se halle bajo la protección de sus leyes no podrá ser esclavo ni esclava.

Libertad y prohibición de esclavitud

Reforma: Reformado por ley n.° 7880 del 27 de mayo de 1999, publicada en La Gaceta n.° 118 del 18 de junio de 1999.

Sentencias SC: 01053-1994; y, 06766-1994.

Artículo 21.- La vida humana es inviolable.

Derecho a la vida

Sentencias SC: 04423-1993; 01668-2010; y, 07897-2012.

Artículo 22.- Todo costarricense puede trasladarse y permanecer en cualquier punto de la República o fuera de ella, siempre que se encuentre libre de responsabilidad, y volver cuando le

Libertad de tránsito

convenga. No se podrá exigir a los costarricenses requisitos que impidan su ingreso al país.

Sentencias SC: 00103-1998; 03020-2000; y, 09572-2006.

Inviolabilidad del domicilio

Artículo 23.- El domicilio y todo otro recinto privado de los habitantes de la República son inviolables. No obstante pueden ser allanados por orden escrita de juez competente, o para impedir la comisión o impunidad de delitos, o evitar daños graves a las personas o a la propiedad, con sujeción a lo que prescribe la ley.

Sentencias SC: 03834-1992; 05903-1994; y, 13830-2011.

Derecho a la intimidad e inviolabilidad de las comunicaciones

Artículo 24.- Se garantiza el derecho a la intimidad, a la libertad y al secreto de las comunicaciones.

Toda persona tiene el derecho fundamental al acceso a las telecomunicaciones, y tecnologías de la información y comunicaciones en todo el territorio nacional. El Estado garantizará, protegerá y preservará este derecho.

Son inviolables los documentos privados y las comunicaciones escritas, orales o de cualquier otro tipo de los habitantes de la República. Sin embargo, la ley, cuya aprobación y reforma requerirá los votos de dos tercios de los Diputados de la Asamblea Legislativa, fijará en qué casos podrán los Tribunales de Justicia ordenar el secuestro, registro o examen de los documentos privados, cuando sea absolutamente indispensable para esclarecer asuntos sometidos a su conocimiento.

Igualmente, la ley determinará en cuáles casos podrán los Tribunales de Justicia ordenar que se intervenga cualquier tipo de comunicación e indicará los delitos en cuya investigación podrá autorizarse el uso de esta potestad excepcional y durante cuánto tiempo. Asimismo, señalará las responsabilidades y sanciones en que incurrirán los funcionarios que apliquen ilegalmente esta excepción. Las resoluciones judiciales amparadas a esta norma deberán ser razonadas y podrán ejecutarse de inmediato. Su aplicación y control serán responsabilidad indelegable de la autoridad judicial.

La ley fijará los casos en que los funcionarios competentes del Ministerio de Hacienda y de la Contraloría General de la República podrán revisar los libros de contabilidad y sus anexos para fines tributarios y para fiscalizar la correcta utilización de los fondos públicos.

Una ley especial, aprobada por dos tercios del total de los Diputados, determinará cuáles otros órganos de la Administración Pública podrán revisar los documentos que esa ley señale en relación con el cumplimiento de sus competencias de regulación y vigilancia para conseguir fines públicos. Asimismo, indicará en qué casos procede esa revisión.

No producirán efectos legales, la correspondencia que fuere sustraída ni la información obtenida como resultado de la intervención ilegal de cualquier comunicación.

Reformas: Reformado por ley n.° 7242 del 27 de mayo de 1991, publicada en La Gaceta n.° 110 del 12 de junio de 1991.
Reformado por ley n.° 7607 del 29 de mayo de 1996, publicada en La Gaceta n.° 115 del 18 de junio de 1996.
Adicionado el párrafo segundo por ley n.° 10385 del 29 de noviembre de 2023, publicada en La Gaceta n.° 236 del 20 de diciembre de 2023.

Sentencias SC: 01261-1990; y, 19850-2022.

Derecho de asociación

Artículo 25.- Los habitantes de la República tienen derecho de asociarse para fines lícitos. Nadie podrá ser obligado a formar parte de asociación alguna.

Sentencias SC: 18714-2010; y, 01584-2014.

Libertad de asociación

Artículo 26.- Todos tienen derecho de reunirse pacíficamente y sin armas, ya sea para negocios privados, o para discutir asuntos políticos y examinar la conducta pública de los funcionarios.

Reuniones en recintos privados no necesitan autorización previa. Las que se celebren en sitios públicos serán reglamentadas por la ley.

Sentencias SC: 01275-2000; y, 11416-2000.

Derecho de petición y pronta respuesta

Artículo 27.- Se garantiza la libertad de petición, en forma individual o colectiva, ante cualquier funcionario público o entidad oficial, y el derecho a obtener pronta resolución.

Sentencias SC: 00740-1995; 12425-2001; y, 10268-2011.

Autonomía de la voluntad y principio de legalidad

Artículo 28.- Nadie puede ser inquietado ni perseguido por la manifestación de sus opiniones ni por acto alguno que no infrinja la ley.

Las acciones privadas que no dañen la moral o el orden públicos, o que no perjudiquen a tercero, están fuera de la acción de la ley.

No se podrá, sin embargo, hacer en forma alguna propaganda política por clérigos o seglares invocando motivos de religión o valiéndose, como medio, de creencias religiosas.

Sentencias SC:11154-2007; y, 04569-2008.

Libertad de expresión

Artículo 29.- Todos pueden comunicar sus pensamientos de palabra o por escrito, y publicarlos sin previa censura; pero serán responsables de los abusos que cometan en el ejercicio de este derecho, en los casos y del modo que la ley establezca.

Sentencias SC: 00963-1995; 06926-2003; 09921-2009; y, 10419-2011.

Libertad de información

Artículo 30.- Se garantiza el libre acceso a los departamentos administrativos con propósitos de información sobre asuntos de interés público. Quedan a salvo los secretos de Estado.

Sentencias SC: 06240-1993; 02120-2003; 04460-2008; y, 07938-2014.

Derecho de asilo y extradición

Artículo 31.- El territorio de Costa Rica será asilo para todo perseguido por razones políticas. Si por imperativo legal se decretare su expulsión, nunca podrá enviársele al país donde fuere perseguido.

La extradición será regulada por la ley o por los tratados internacionales y nunca procederá en casos de delitos políticos o conexos con ellos, según la calificación costarricense.

Sentencias SC: 06766-1994; 06441-1998; y, 01369-2011.

Prohibición de expulsión a la persona costarricense y extradición de nacionales

Artículo 32.- Ningún costarricense podrá ser compelido a abandonar el territorio nacional, salvo que en casos de tráfico internacional de drogas o terrorismo haya sido concedida la extradición por los Tribunales de Justicia, con estricto apego a los derechos fundamentales y garantías procesales reconocidos en esta Constitución, en los tratados internacionales y en las leyes.

Reformas: Reformado por ley n.° 10.730 del 20 de mayo de 2025, publicada en el Alcance n.° 68 a La Gaceta n.° 96 del 28 de mayo de 2025.

Sentencias SC: 02849-1994; 08666-2002; y, 24826-2025.

Derecho de igualdad y prohibición de discriminación

Artículo 33.- Toda persona es igual ante la ley y no podrá practicarse discriminación alguna contraria a la dignidad humana.

Reformas: Reformado por ley n.° 4123 del 31 de mayo de 1968, publicada en el tomo II de la Colección de Leyes y Decretos de 1968, La Gaceta n.° 127 del 4 de junio de 1968.
Reformado por ley n.° 7880 del 13 de mayo de 1999, publicada en La Gaceta n.° 118 del 18 de junio de 1999.

Sentencias SC: 01785-1990; 01372-1992; 00633-1994; y, 01652-2012.

Irretroactividad de la ley

Artículo 34.- A ninguna ley se le dará efecto retroactivo en perjuicio de persona alguna, o de sus derechos patrimoniales adquiridos o de situaciones jurídicas consolidadas.

Sentencias SC: 01147-1990; y, 07723-2008.

Juez natural

Artículo 35.- Nadie puede ser juzgado por comisión, tribunal o juez especialmente nombrado para el caso, sino exclusivamente por los tribunales establecidos de acuerdo con esta Constitución.

Sentencias SC: 05965-1993; y, 18697-2009.

Abstención de declarar en materia penal

Artículo 36.- En materia penal nadie está obligado a declarar contra sí mismo, ni contra su cónyuge, ascendientes, descendientes o parientes colaterales hasta el tercer grado inclusive de consanguinidad o afinidad.

Sentencias SC: 00406-1994; 02429-1994; 05977-1994; y, 09051-2011.

Causa para detención y flagrancia

Artículo 37.- Nadie podrá ser detenido sin un indicio comprobado de haber cometido delito, y sin mandato escrito de juez o autoridad encargada del orden público, excepto cuando se tratare de reo prófugo o delincuente infraganti; pero en todo caso deberá ser puesto a disposición de juez competente dentro del término perentorio de veinticuatro horas.

Sentencias SC: 03311-1994; 00782-1995; y, 03020-2000.

Proscripción de prisión por deuda

Artículo 38.- Ninguna persona puede ser reducida a prisión por deuda.

Sentencias SC: 14942-2009; 15163-2011; 00895-2012.

Sanción penal y derecho de defensa

Artículo 39.- A nadie se hará sufrir pena sino por delito, cuasidelito o falta, sancionados por ley anterior y en virtud de sentencia firme dictada por autoridad competente, previa oportunidad concedida al indiciado para ejercitar su defensa y mediante la necesaria demostración de culpabilidad. No constituyen violación a este artículo o a los dos anteriores, el apremio corporal en materia civil o de trabajo o las detenciones que pudieren decretarse en las insolvencias, quiebras o concursos de acreedores.

Sentencias SC: 00412-1990; 09132-2010; y, 15659-2010.

Proscripción de tortura y pena perpetua

Artículo 40.- Nadie será sometido a tratamientos crueles o degradantes ni a penas perpetuas, ni a la pena de confiscación. Toda declaración obtenida por medio de violencia será nula.

Sentencias SC: 01032-1996; y, 08194-2008.

Justicia pronta y cumplida

Artículo 41.- Ocurriendo a las leyes, todos han de encontrar reparación para las injurias o daños que hayan recibido en su persona, propiedad o intereses morales. Debe hacérseles justicia pronta, cumplida, sin denegación y en estricta conformidad con las leyes.

Sentencias SC: 03481-2003; 06224-2005; 07830-2010; y, 01594-2014.

Derecho a la doble instancia y cosa juzgada material

Artículo 42.- Un mismo juez no puede serlo en diversas instancias para la decisión de un mismo punto. Nadie podrá ser juzgado más de una vez por el mismo hecho punible.

Se prohíbe reabrir causas penales fenecidas y juicios fallados con autoridad de cosa juzgada, salvo cuando proceda el recurso de revisión.

Sentencias SC: 08191-2000; 13580-2007; y, 05109-2008.

Recurso a la función arbitral

Artículo 43.- Toda persona tiene derecho a terminar sus diferencias patrimoniales por medio de árbitros, aun habiendo litigio pendiente.

Sentencias SC: 09469-2007; y, 12215-2009.

Proscripción de la incomunicación personal

Artículo 44.- Para que la incomunicación de una persona pueda exceder de cuarenta y ocho horas, se requiere orden judicial; sólo podrá extenderse hasta por diez días consecutivos y en ningún caso impedirá que se ejerza la inspección judicial.

Sentencias SC: 01739-1992; y, 05153-1994.

Derecho a la propiedad privada

Artículo 45.- La propiedad es inviolable; a nadie puede privarse de la suya si no es por interés público legalmente comprobado, previa indemnización conforme a la ley. En caso de guerra o conmoción interior, no es indispensable que la indemnización sea previa. Sin embargo, el pago correspondiente se hará a más tardar dos años después de concluido el estado de emergencia.

Por motivos de necesidad pública podrá la Asamblea Legislativa, mediante el voto de los dos tercios de la totalidad de sus miembros, imponer a la propiedad limitaciones de interés social.

Sentencias SC: 04205-2006; 08713-2008; y, 16629-2012.

Proscripción de monopolios y derechos de las personas consumidoras

Artículo 46.- Son prohibidos los monopolios de carácter particular, y cualquier acto, aunque fuere originado en una ley, que amenace o restrinja la libertad de comercio, agricultura e industria.

Es de interés público la acción del Estado encaminada a impedir toda práctica o tendencia monopolizadora.

Las empresas constituidas en monopolios de hecho deben ser sometidas a una legislación especial.

Para establecer nuevos monopolios en favor del Estado o de las Municipalidades se requerirá la aprobación de dos tercios de la totalidad de los miembros de la Asamblea Legislativa.

Los consumidores y usuarios tienen derecho a la protección de su salud, ambiente, seguridad e intereses económicos, a recibir información adecuada y veraz; a la libertad de elección, y a un trato equitativo. El Estado apoyará los organismos que ellos constituyan para la defensa de sus derechos. La ley regulará esas materias.

Reforma: Reformado por ley n.° 7607 del 29 de mayo de 1996, publicada en La Gaceta n.° 115 del 18 de junio de 1996.

Sentencias SC: 00340-1995; 04569-2008; y, 16629-2012.

Derecho de propiedad intelectual

Artículo 47.- Todo autor, inventor, productor o comerciante gozará temporalmente de la propiedad exclusiva de su obra, invención, marca o nombre comercial, con arreglo a la ley.

Sentencias SC: 02134-1995; y, 02521-2008.

Recursos de hábeas corpus y amparo

Artículo 48.- Toda persona tiene derecho al recurso de hábeas corpus para garantizar su libertad e integridad personales, y al recurso de amparo para mantener o restablecer el goce de los otros derechos consagrados en esta Constitución, así como de los de carácter fundamental establecidos en los instrumentos internacionales sobre derechos humanos, aplicables en la República. Ambos recursos serán de competencia de la Sala indicada en el artículo 10.

Reforma: Reformado por ley N.° 7128 del 18 de agosto de 1989, publicada en La Gaceta n.° 166 de 1.° de setiembre de 1989.

Sentencias SC: 1365-1991; y, 14929-2012.

Jurisdicción contencioso-administrativa

Artículo 49.- Establécese la jurisdicción contencioso-administrativa como atribución del Poder Judicial, con el objeto de garantizar la legalidad de la función administrativa del Estado, de sus instituciones y de toda otra entidad de derecho público. La desviación de poder será motivo de impugnación de los actos administrativos. La ley protegerá, al menos, los derechos subjetivos y los intereses legítimos de los administrados.

Reforma: Reformado por ley n.° 3124 del 25 de junio de 1963, publicada en el tomo I de la Colección de Leyes y Decretos de 1963, La Gaceta n.° 145 del 28 de junio de 1963.

Sentencias SC: 03905-1994; 03049-2008; y, 09928-2010.

TÍTULO V. DERECHOS Y GARANTÍAS SOCIALES

CAPÍTULO ÚNICO

Derechos al ambiente sano, ecológicamente equilibrado y al acceso al agua potable

Artículo 50.- El Estado procurará el mayor bienestar a todos los habitantes del país, organizando y estimulando la producción y el más adecuado reparto de la riqueza.

Toda persona tiene derecho a un ambiente sano y ecológicamente equilibrado. Por ello, está legitimada para denunciar los actos que infrinjan ese derecho y para reclamar la reparación del daño causado.

El Estado garantizará, defenderá y preservará ese derecho. La ley determinará las responsabilidades y las sanciones correspondientes.

Toda persona tiene el derecho humano, básico e irrenunciable de acceso al agua potable, como bien esencial para la vida. El agua es un bien de la nación, indispensable para proteger tal derecho humano. Su uso, protección, sostenibilidad, conservación y explotación se regirá por lo que establezca la ley que se creará para estos efectos y tendrá prioridad el abastecimiento de agua potable para consumo de las personas y las poblaciones.

Reformas: Reformado por ley n.° 7412 del 3 de junio de 1994, publicada en La Gaceta n.° 111 del 10 de junio de 1994. Adicionado el párrafo final por ley n.° 9849 del 5 de junio de 2020, publicada en La Gaceta n.° 159 del 2 de julio de 2020.

Sentencias SC: 00503-1994; 06922-2010; y, 04936-2012.

La familia

Artículo 51.- La familia, como elemento natural y fundamento de la sociedad, tiene derecho a la protección especial del Estado. Igualmente, tendrán derecho a esa protección la madre, el niño y la niña, las personas adultas mayores y las personas con discapacidad.

Reforma: Reformado por ley n.° 9697 del 16 de julio de 2019, publicada en el Alcance n.° 176 a La Gaceta n.° 147 del 7 de agosto de 2019.

Sentencias SC: 05269-2011; 01465-2001; 00748-2012; y, 06120-2013.

El matrimonio

Artículo 52.- El matrimonio es la base esencial de la familia y descansa en la igualdad de derechos de los cónyuges.

Sentencias SC: 01155-1994; y, 03326-2009.

Derecho de filiación y obligaciones de la paternidad y la maternidad

Artículo 53.- Los padres tienen con sus hijos habidos fuera del matrimonio las mismas obligaciones que con los nacidos en él.

Toda persona tiene derecho a saber quiénes son sus padres, conforme a la ley.

Sentencias SC: 11157-2007; 21039-2010; y, 02082-2011.

Prohibición de calificación sobre la filiación

Artículo 54.- Se prohíbe toda calificación personal sobre la naturaleza de la filiación.

Sentencias SC: 07515-1994; y, 11158-2007.

Protección de la madre y la persona menor de edad

Artículo 55.- La protección especial de la madre y del menor estará a cargo de una institución autónoma denominada Patronato Nacional de la Infancia, con la colaboración de las otras instituciones del Estado.

Sentencias SC: 07113-2009; 09321-2009; y, 15751-2008.

Derecho al trabajo

Artículo 56.- El trabajo es un derecho del individuo y una obligación con la sociedad. El Estado debe procurar que todos tengan ocupación honesta y útil, debidamente remunerada, e impedir que por causa de ella se establezcan condiciones que en alguna forma menoscaben la libertad o la dignidad del hombre o degraden su trabajo a la condición de simple mercancía. El Estado garantiza el derecho de libre elección de trabajo.

Sentencias SC: 03878-2001; y, 07363-2011.

Derecho al salario mínimo

Artículo 57.- Todo trabajador tendrá derecho a un salario mínimo, de fijación periódica, por jornada normal, que le procure bienestar y existencia digna. El salario será siempre igual para trabajo igual en idénticas condiciones de eficiencia.

Todo lo relativo a fijación de salarios mínimos estará a cargo del organismo técnico que la ley determine.

Sentencias SC: 01727-1994; 06445-2011; y, 03267-2012.

Tipos de jornada laboral

Artículo 58.- La jornada ordinaria de trabajo diurno no podrá exceder de ocho horas diarias y cuarenta y ocho a la semana. La jornada ordinaria de trabajo nocturno no podrá exceder de seis horas diarias y treinta y seis a la semana. El trabajo en horas extraordinarias deberá ser remunerado con un cincuenta por ciento más de los sueldos o salarios estipulados. Sin embargo, estas disposiciones no se aplicarán en los casos de excepción muy calificados, que determine la ley.

Sentencias SC: 03043-2007; 02321-2008; y, 13023-2012.

Artículo 59.- Todos los trabajadores tendrán derecho a un día de descanso después de seis días consecutivos de trabajo, y a vacaciones anuales pagadas, cuya extensión y oportunidad serán reguladas por la ley, pero en ningún caso comprenderán menos de dos semanas por cada cincuenta semanas de servicio continuo; todo sin perjuicio de las excepciones muy calificadas que el legislador establezca.

Derechos al descanso semanal y a las vacaciones anuales

Sentencias SC: 13528-2004; 11004-2007; y, 09855-2008.

Artículo 60.- Tanto los patronos como los trabajadores podrán sindicalizarse libremente, con el fin exclusivo de obtener y conservar beneficios económicos, sociales o profesionales. Queda prohibido a los extranjeros ejercer dirección o autoridad en los sindicatos.

Libertad sindical

Sentencias SC: 05000-1993; 01011-2001; y, 14194-2012.

Artículo 61.- Se reconoce el derecho de los patronos al paro y el de los trabajadores a la huelga, salvo en los servicios públicos, de acuerdo con la determinación que de éstos haga la ley y conforme a las regulaciones que la misma establezca, las cuales deberán desautorizar todo acto de coacción o de violencia.

Derechos al paro y a la huelga

Sentencias SC: 01317-1998; y, 09871-2001.

Artículo 62.- Tendrán fuerza de ley las convenciones colectivas de trabajo que, con arreglo a la ley, se concierten entre patronos o sindicatos de patronos y sindicatos de trabajadores legalmente organizados.

Convenciones colectivas

Sentencias SC: 04453-2000; 18485-2007; y, 01279-2012.

Artículo 63.- Los trabajadores despedidos sin justa causa tendrán derecho a una indemnización cuando no se encuentren cubiertos por un seguro de desocupación.

Indemnización ante despido sin justa causa

Sentencias SC: 00399-1996; y, 08587-2002.

Artículo 64.- El Estado fomentará la creación de cooperativas como medio para facilitar mejores condiciones de vida de los trabajadores. Asimismo, procurará el desarrollo del solidarismo

Cooperativismo, solidarismo y asociaciones solidaristas

como instrumento de crecimiento económico y social de los trabajadores, tanto en el sector privado como en el sector público.

Asimismo, reconocerá el derecho de patronos y trabajadores a organizarse libremente en asociaciones solidaristas, con el fin de obtener mejores condiciones de vida y desarrollo económico y social.

Reforma: Reformado por ley n.° 8952 del 21 de junio de 2011, publicada en La Gaceta n.° 142 del 22 de julio de 2011, corregida mediante "Fe de erratas" publicada en La Gaceta n.° 188 del 30 de setiembre de 2011.

Sentencias SC: 00399-1996; y, 08587-2002.

Construcción de vivienda popular y patrimonio de la persona trabajadora

Artículo 65.- El Estado promoverá la construcción de viviendas populares y creará el patrimonio familiar del trabajador.

Sentencias SC: 12057-2004; y, 02758-2009.

Condiciones de higiene y seguridad en el trabajo

Artículo 66.- Todo patrono debe adoptar en sus empresas las medidas necesarias para la higiene y seguridad del trabajo.

Sentencias SC: 00747-2012; y, 09999-2012.

Preparación técnica y cultura de las personas trabajadoras

Artículo 67.- El Estado velará por la preparación técnica y cultural de los trabajadores.

Sentencias SC: 06346-1997; y, 00055-2007.

Prohibición de discriminación entre personas trabajadoras

Artículo 68.- No podrá hacerse discriminación respecto al salario, ventajas o condiciones de trabajo entre costarricenses y extranjeros, o respecto de algún grupo de trabajadores. En igualdad de condiciones deberá preferirse al trabajador costarricense.

Sentencias SC: 13504-2006; y, 09802-2009.

Contratos de aparcería rural

Artículo 69.- Los contratos de aparcería rural serán regulados con el fin de asegurar la explotación racional de la tierra y la distribución equitativa de sus productos entre propietarios y aparceros.

Sentencias SC: 05976-1993; y, 05423-2011.

Jurisdicción laboral

Artículo 70.- Se establecerá una jurisdicción de trabajo, dependiente del Poder Judicial.

Sentencias SC: 13067-2011; y, 05959-1994.

Protección a las madres y personas menores de edad trabajadoras

Artículo 71.- Las leyes darán protección especial a las mujeres y a los menores de edad en su trabajo.

Sentencias SC: 10278-2009; y, 12453-2010.

Sistema de protección a las personas desocupadas

Artículo 72.- El Estado mantendrá, mientras no exista seguro de desocupación, un sistema técnico y permanente de protección a los desocupados involuntarios, y procurará la reintegración de los mismos al trabajo.

Sentencias SC: 01739-2008; y, 12619-2011.

Seguridad social

Artículo 73.- Se establecen los seguros sociales en beneficio de los trabajadores manuales e intelectuales, regulados por el sistema de contribución forzosa del Estado, patronos y trabajadores, a fin de proteger a éstos contra los riesgos de enfermedad, invalidez, maternidad, vejez, muerte y demás contingencias que la ley determine.

La administración y el gobierno de los seguros sociales estarán a cargo de una institución autónoma, denominada Caja Costarricense de Seguro Social.

No podrán ser transferidos ni empleados en finalidades distintas a las que motivaron su creación, los fondos y las reservas de los seguros sociales.

Los seguros contra riesgos profesionales serán de exclusiva cuenta de los patronos y se regirán por disposiciones especiales.

Reforma: Reformado por ley n.° 2737 del 12 de mayo de 1961, publicada en La Gaceta n.° 111 del 17 de mayo de 1961.

Sentencias SC: 01893-1999; 12952-2001; 08013-2004; 03035-2007; 16964-2008; 10658-2012; 17736-2012; y, 03343-2014.

Irrenunciabilidad de los derechos sociales y laborales

Artículo 74.- Los derechos y beneficios a que este Capítulo se refiere son irrenunciables. Su enumeración no excluye otros que se deriven del principio cristiano de justicia social y que indique la ley; serán aplicables por igual a todos los factores concurrentes al proceso de producción, y reglamentados en una legislación social y de trabajo, a fin de procurar una política permanente de solidaridad nacional.

Sentencias SC: 02720-2007; 19048-2009; y, 07343-2010.

TÍTULO VI. LA RELIGIÓN

CAPÍTULO ÚNICO

Confesionalidad del Estado y libertad de culto

Artículo 75.- La Religión Católica, Apostólica, Romana, es la del Estado, el cual contribuye a su mantenimiento, sin impedir el libre ejercicio en la República de otros cultos que no se opongan a la moral universal ni a las buenas costumbres.

Reformas: Reformado por ley n.° 4764 del 17 de mayo de 1971, publicada en La Gaceta n.° 109 del 25 de mayo de 1971.
Variada su numeración por ley n.° 5703 del 6 de junio de 1975, publicada en el tomo IV de la Colección de Leyes y Decretos de 1975.

Sentencias SC: 03173-1993; 16756-2009; y, 02023-2010.

TÍTULO VII. LA EDUCACIÓN Y LA CULTURA

CAPÍTULO ÚNICO

Idioma y promoción a las lenguas indígenas

Artículo 76.- El español es el idioma oficial de la Nación. No obstante, el Estado velará por el mantenimiento y cultivo de las lenguas indígenas nacionales.

Reformas: Adicionado por ley n.° 5703 del 5 de junio de 1975, publicada en La Gaceta n.° 110 del 13 de junio de 1975
Reformado por ley n.° 7878 del 13 de mayo de 1999, publicada en La Gaceta n.° 118 del 18 de junio de 1999.

Sentencias SC: 00998-1998; 14417-2006; y, 03859-2014.

Organización de la educación pública

Artículo 77.- La educación pública será organizada como un proceso integral correlacionado en sus diversos ciclos, desde la pre-escolar hasta la universitaria.

Sentencias SC: 06881-2011; 11473-2012; y, 14576-2012.

Educación obligatoria y gratuita, presupuesto para la educación

Artículo 78.- La educación preescolar, general básica y diversificada son obligatorias y, en el sistema público, gratuitas y costeadas por la Nación.

En la educación estatal, incluida la superior, el gasto público no será inferior al ocho por ciento (8%) anual del producto interno bruto, de acuerdo con la ley, sin perjuicio de lo establecido en los artículos 84 y 85 de esta Constitución.

El Estado facilitará la prosecución de estudios superiores a quienes carezcan de recursos pecuniarios. La adjudicación de las becas y los auxilios estará a cargo del Ministerio del ramo, por medio del organismo que determine la ley.

Reformas: Reformado por ley n.° 5202 del 30 de mayo de 1973, publicada en La Gaceta n.° 105 del 5 de junio de 1973. Reformado por ley n.° 7676 del 23 de julio de 1997, publicada en La Gaceta n.° 148 del 4 de agosto de 1997. Reformado por ley n.° 8954 del 26 de mayo de 2011, publicada en La Gaceta n.° 156 del 16 de agosto de 2011.

Sentencias SC: 21504-2010; y, 06416-2012.

Libertad de enseñanza

Artículo 79.- Se garantiza la libertad de enseñanza. No obstante, todo centro docente privado estará bajo la inspección del Estado.

Sentencias SC: 02088-2009; 11010-2009; y, 07890-2012.

Iniciativa privada educativa

Artículo 80.- La iniciativa privada en materia educacional merecerá estímulo del Estado, en la forma que indique la ley.

Sentencias SC: 03550-1992; y, 16491-2007.

Dirección general de enseñanza

Artículo 81.- La dirección general de la enseñanza oficial corresponde a un consejo superior integrado como señale la ley, presidido por el Ministro del ramo.

Sentencias SC: 18514-2009; y, 15072-2010.

Alimento y vestido a personas escolares

Artículo 82.- El Estado proporcionará alimento y vestido a los escolares indigentes, de acuerdo con la ley.

Sentencias SC: 01656-1991; y, 17612-2005.

Educación de personas adultas

Artículo 83.- El Estado patrocinará y organizará la educación de adultos, destinada a combatir el analfabetismo y a proporcionar oportunidad cultural a aquéllos que deseen mejorar su condición intelectual, social y económica.

Sentencias SC: 07212-2006; 09826-2006; y, 14962-2008.

Universidades públicas y autonomía universitaria

Artículo 84.- La Universidad de Costa Rica es una institución de cultura superior que goza de independencia para el desempeño de sus funciones y de plena capacidad jurídica para adquirir derechos y contraer obligaciones, así como para darse su organización y gobierno propios. Las demás instituciones de educación superior universitaria del Estado tendrán la misma independencia funcional e igual capacidad jurídica que la Universidad de Costa Rica.

El Estado las dotará de patrimonio propio y colaborará en su financiación.

Reforma: Reformado por la ley n.° 5697 del 9 de junio de 1975, publicada en el tomo IV de la Colección de Leyes y Decretos de 1975, La Gaceta n.° 110 del 13 de junio de 1975.

Sentencias SC: 01313-1993; 00919-2005; y, 08889-2012.

Financiamiento de las universidades públicas

Artículo 85.- El Estado dotará de patrimonio propio a la Universidad de Costa Rica, al Instituto Tecnológico de Costa Rica, a la Universidad Nacional y a la Universidad Estatal a Distancia y les creará rentas propias, independientemente de las originadas en estas instituciones. Además, mantendrá —con las rentas actuales y con otras que sean necesarias— un fondo especial para el financiamiento de la Educación Superior Estatal. El Banco Central de Costa Rica administrará ese fondo y, cada mes, lo pondrá en dozavos, a la orden de las citadas instituciones, según la distribución que determine el cuerpo encargado de la coordinación de la educación superior universitaria estatal. Las rentas de ese fondo especial no podrán ser abolidas ni disminuidas, si no se crean, simultáneamente, otras mejoras que las sustituyan.

El cuerpo encargado de la coordinación de la Educación Superior Universitaria Estatal preparará un plan nacional para esta educación, tomando en cuenta los lineamientos que establezca el Plan Nacional de Desarrollo vigente.

Ese plan deberá concluirse, a más tardar, el 30 de junio de los años divisibles entre cinco y cubrirá el quinquenio inmediato siguiente. En él se incluirán, tanto los egresos de operación como los egresos de inversión que se consideren necesarios para el buen desempeño de las instituciones mencionadas en este artículo.

El Poder Ejecutivo incluirá, en el presupuesto ordinario de egresos de la República, la partida correspondiente, señalada en el plan, ajustada de acuerdo con la variación del poder adquisitivo de la moneda.

Cualquier diferendo que surja, respecto a la aprobación del monto presupuestario del plan nacional de Educación Superior Estatal, será resuelto por la Asamblea Legislativa.

Reformas: Reformado por ley n.° 6052 del 15 de junio de 1977, publicada en el tomo IV de la Colección de Leyes y Decretos de 1977, La Gaceta n.° 219 del 18 de noviembre de 1977. Reformado por ley n.° 6580 del 18 de mayo de 1981, publicada en el tomo I de la Colección de Leyes y Decretos de 1981, La Gaceta n.° 186 del 10 de junio de 1981.

Sentencias SC: 06412-1996; y, 10537-2009.

Formación de las personas docentes

Artículo 86.- El Estado formará profesionales docentes por medio de institutos especiales, de la Universidad de Costa Rica y de las demás instituciones de educación superior universitaria.

Reforma: Reformado por ley n.° 5697 del 9 de junio de 1975, publicada en el tomo IV de la Colección de Leyes y Decretos de 1975, La Gaceta n.° 110 del 13 de junio de 1975.

Sentencias SC: 00110-1998; y, 02023-2010.

Libertad de cátedra

Artículo 87.- La libertad de cátedra es principio fundamental de la enseñanza universitaria.

Sentencias SC: 03550-1992: y, 06669-1993.

Informe de las universidades públicas

Artículo 88.- Para la discusión y aprobación de proyectos de ley relativos a las materias puestas bajo la competencia de la Universidad de Costa Rica y de las demás instituciones de educación superior universitaria, o relacionadas directamente con ellas, la Asamblea Legislativa deberá oír previamente al Consejo Universitario o al órgano director correspondiente de cada una de ellas.

Reforma: Reformado por ley N.° 5697 del 9 de junio de 1975, publicada en el tomo IV de la Colección de Leyes y Decretos de 1975, La Gaceta n.° 110 del 13 de junio de 1975.

Sentencias SC: 02050-1991; y, 17683-2011.

Fines culturales y derecho al deporte

Artículo 89.- Entre los fines culturales de la República están: proteger las bellezas naturales, conservar y desarrollar el patrimonio histórico y artístico de la Nación y apoyar la iniciativa privada para el progreso científico y artístico. Todas las personas tienen derecho al deporte, a la educación física y a la recreación. El Estado garantizará este derecho, promoverá su universalización como medio eficaz para mejorar la salud y la calidad de vida de la población y apoyará el desarrollo de las distintas disciplinas deportivas en todos los niveles.

Reforma: Reformado por ley n.° 10.376 del 29 de noviembre de 2023, publicada en La Gaceta n.° 1 del 8 de enero de 2024.

Sentencias SC: 03656-2003; y, 14099-2008.

TÍTULO VIII. DERECHOS Y DEBERES POLÍTICOS

CAPÍTULO I. Los Ciudadanos

La ciudadanía

Artículo 90.- La ciudadanía es el conjunto de derechos y deberes políticos que corresponde a los costarricenses mayores de dieciocho años.

Reforma: Reformado por ley n.° 4763 del 17 de mayo de 1971, publicada en el tomo II de la Colección de Leyes y Decretos de 1971, La Gaceta n.° 109 del 25 de mayo de 1971.

Sentencias SC: 08190-2002; y, 03475-2003.

Suspensión de la ciudadanía

Artículo 91.- La ciudadanía sólo se suspende:

1) Por interdicción judicialmente declarada;

2) Por sentencia que imponga la pena de suspensión del ejercicio de derechos políticos.

Sentencias SC: 06818-2002; y, 03475-2003.

Recuperación de la ciudadanía

Artículo 92.- La ciudadanía se recobra en los casos y por los medios que determine la ley.

Sentencias SC: 06780-1994; y, 15197-2007.

CAPÍTULO II. El Sufragio

Sufragio directo y secreto

Artículo 93.- El sufragio es función cívica primordial y obligatoria y se ejerce ante las Juntas Electorales en votación directa y secreta, por los ciudadanos inscritos en el Registro Civil.

Reforma: Reformado por ley N.° 2345 del 20 de mayo de 1959, publicada en el tomo I de la Colección de Leyes y Decretos de 1959, La Gaceta n.° 118 del 28 de mayo de 1959.

Sentencias SC: 02883-1996; y, 09054 - 2005.

Sufragio de personas naturalizadas

Artículo 94.- El ciudadano costarricense por naturalización no podrá sufragar sino después de doce meses de haber obtenido la carta respectiva.

Sentencias SC: 02918-2003; y, 03475-2003.

Principios y garantías del sufragio

Artículo 95.- La ley regulará el ejercicio del sufragio de acuerdo con los siguientes principios:

1) Autonomía de la función electoral;

2) Obligación del Estado de inscribir, de oficio, a los ciudadanos en el Registro Civil y de proveerles de cédula de identidad para ejercer el sufragio;

3) Garantías efectivas de libertad, orden, pureza e imparcialidad por parte de las autoridades gubernativas;

4) Garantías de que el sistema para emitir el sufragio les facilita a los ciudadanos el ejercicio de ese derecho;

5) Identificación del elector por medio de cédula con fotografía u otro medio técnico adecuado dispuesto por ley para tal efecto;

6) Garantías de representación para las minorías;

7) Garantías de pluralismo político;

8) Garantías para la designación de autoridades y candidatos de los partidos políticos, según los principios democráticos y sin discriminación por género.

Reformas: Reformado por ley n.° 2345 del 20 de mayo de 1959, publicada en La Gaceta n.° 118 del 28 de mayo de 1959
Reformado por ley n.° 7675 del 2 de julio de 1997, publicada en La Gaceta n.° 137 del 17 de julio de 1997.

Sentencias SC: 09582-2008; y, 01784-2015.

Financiamiento público partidario

Artículo 96.- El Estado no podrá deducir nada de las remuneraciones de los servidores públicos para el pago de deudas políticas.

El Estado contribuirá a sufragar los gastos de los partidos políticos, de acuerdo con las siguientes disposiciones:

1) La contribución será del cero coma diecinueve por ciento (0,19%) del producto interno bruto del año trasanterior a la celebración de la elección para Presidente, Vicepresidentes de la República y Diputados a la Asamblea Legislativa. La ley determinará en qué casos podrá acordarse una reducción de dicho porcentaje. Este porcentaje se destinará a cubrir los gastos que genere la participación de los partidos políticos en esos procesos electorales, y satisfacer las necesidades de capacitación y organización política. Cada partido político fijará los porcentajes correspondientes a estos rubros.

2) Tendrán derecho a la contribución estatal, los partidos políticos que participaren en los procesos electorales señalados en este artículo y alcanzaren al menos un cuatro por ciento (4%) de los sufragios válidamente emitidos a escala nacional o los inscritos a escala provincial, que obtuvieren como mínimo ese porcentaje en la provincia o eligieren, por lo menos, un Diputado.

3) Previo otorgamiento de las cauciones correspondientes, los partidos políticos tendrán derecho a que se les adelante parte de la contribución estatal, según lo determine la ley.

4) Para recibir el aporte del Estado, los partidos deberán comprobar sus gastos ante el Tribunal Supremo de Elecciones. Las contribuciones privadas a los partidos políticos estarán sometidas al principio de publicidad y se regularán por ley. La ley que establezca los procedimientos, medios de control y las demás regulaciones para la aplicación de este artículo, requerirá, para su aprobación y reforma, el voto de dos tercios del total de los miembros de la Asamblea Legislativa

Reforma: Reformado por ley n.° 7675 del 2 de julio de 1997, publicada en La Gaceta n.° 137 del 17 de julio de 1997.

Sentencias SC: 02150-1992; y, 03489-2003.

Informe del Tribunal Supremo de Elecciones

Artículo 97.- Para la discusión y aprobación de proyectos de ley relativos a materias electorales, la Asamblea Legislativa deberá consultar al Tribunal Supremo de Elecciones; para apartarse de su opinión se necesitará el voto de las dos terceras partes del total de sus miembros. Dentro de los seis meses anteriores y los cuatro posteriores a la celebración de una elección popular, la Asamblea Legislativa no podrá, sin embargo, convertir en leyes los proyectos sobre dichas materias respecto de los cuales el Tribunal Supremo de Elecciones se hubiese manifestado en desacuerdo.

Sentencias SC: 13273-2001; y, 09618-2005.

Partidos políticos

Artículo 98.- Los ciudadanos tendrán el derecho de agruparse en partidos para intervenir en la política nacional, siempre que los partidos se comprometan en sus programas a respetar el orden constitucional de la República. Los partidos políticos expresarán el pluralismo político, concurrirán a la formación y manifestación de la voluntad popular y serán instrumentos fundamentales para la participación política. Su creación y el ejercicio de su actividad serán libres dentro del respeto a la Constitución y la ley. Su estructura interna y funcionamiento deberán ser democráticos.

Reformas: Reformado por ley n.° 5698 del 4 de junio de 1975, publicada en La Gaceta n.° 110 del 13 de junio de 1975. Reformado por ley n.° 7675 del 2 de julio de 1997, publicada en La Gaceta n.° 137 del 17 de julio de 1997.

Sentencias SC: 02535-1991; 02150-1992; y, 05367-1999.

CAPÍTULO II. El Tribunal Supremo de Elecciones

Funciones e independencia del Tribunal Supremo de Elecciones

Artículo 99.- La organización, dirección y vigilancia de los actos relativos al sufragio, corresponden en forma exclusiva al Tribunal Supremo de Elecciones, el cual goza de independencia en el desempeño de su cometido. Del Tribunal dependen los demás organismos electorales.

Sentencias SC: 06326-2000; y, 04616-2009.

Artículo 100.- El Tribunal Supremo de Elecciones estará integrado, ordinariamente por tres Magistrados propietarios y seis

Personas magistradas del Tribunal Supremo de Elecciones

suplentes, nombrados por la Corte Suprema de Justicia por los votos de no menos de los dos tercios del total de sus miembros. Deberán reunir iguales condiciones y estarán sujetos a las mismas responsabilidades que los Magistrados que integran la Corte.

Desde un año antes y hasta seis meses después de la celebración de las elecciones generales para Presidente de la República o Diputados a la Asamblea Legislativa, el Tribunal Supremo de Elecciones deberá ampliarse con dos de sus Magistrados suplentes para formar, en ese lapso, un tribunal de cinco miembros.

Los Magistrados del Tribunal Supremo de Elecciones estarán sujetos a las condiciones de trabajo, en lo que fueren aplicables, y al tiempo mínimo de labor diaria que indique la Ley Orgánica del Poder Judicial para los Magistrados de la Sala de Casación, y percibirán las remuneraciones que se fijen para éstos.

Reformas: Reformado el último párrafo por ley n.° 2345 del 20 de mayo de 1959, publicada en el tomo I de la Colección de Leyes y Decretos de 1959, La Gaceta n.° 118 del 28 de mayo de 1959.
Adicionado el segundo párrafo por ley n.° 2740 del 9 de mayo de 1961, publicada en La Gaceta n.° 111 del 17 de mayo de 1961.
Reformado el primer párrafo por ley n.° 3513 del 24 de junio de 1965, publicada en el tomo II de la Colección de Leyes y Decretos de 1965, La Gaceta n.° 148 del 3 de julio de 1965.
Reformado el segundo párrafo por la ley n.° 3513 del 24 de junio de 1965, publicada en el tomo II de la Colección de Leyes y Decretos de 1965, La Gaceta n.° 148 del 3 de julio de 1965.

Sentencia SC: 13428-2004.

Periodo y estatuto de las personas magistradas del Tribunal Supremo de Elecciones

Artículo 101.- Los Magistrados del Tribunal Supremo de Elecciones durarán en sus cargos seis años. Un propietario y dos suplentes deberán ser renovados cada dos años, pero podrán ser reelectos.

Los Magistrados del Tribunal Supremo de Elecciones gozarán de las inmunidades y prerrogativas que corresponden a los miembros de los Supremos Poderes.

Reforma: Reformado por ley n.° 3513 del 24 de junio de 1965, publicada en el tomo II de la Colección de Leyes y Decretos de 1965, La Gaceta n.° 148 del 3 de julio de 1965.

Sentencia SC: 13428-2004.

Competencias exclusivas del Tribunal Supremo de Elecciones

Artículo 102.- El Tribunal Supremo de Elecciones tiene las siguientes funciones:

1) Convocar a elecciones populares;

2) Nombrar los miembros de las Juntas Electorales, de acuerdo con la ley;

3) Interpretar en forma exclusiva y obligatoria las disposiciones constitucionales y legales referentes a la materia electoral;

4) Conocer en alzada de las resoluciones apelables que dicten el Registro Civil y las Juntas Electorales;

5) Investigar por sí o por medio de delegados, y pronunciarse con respecto a toda denuncia formulada por los partidos sobre parcialidad política de los servidores del Estado en el ejercicio de sus cargos, o sobre actividades políticas de funcionarios a quienes les esté prohibido ejercerlas. La declaratoria de culpabilidad que pronuncie el Tribunal será causa obligatoria de destitución e incapacitará al culpable para ejercer cargos públicos por un período no menor de dos años, sin perjuicio de las responsabilidades penales que pudieren exigírsele. No obstante, si la investigación practicada contiene cargos contra el Presidente de la República, Ministros de Gobierno, Ministros Diplomáticos, Contralor y Subcontralor Generales de la República, o Magistrados de la Corte Suprema de Justicia, el Tribunal se concretará a dar cuenta a la Asamblea Legislativa del resultado de la investigación;

6) Dictar, con respecto a la fuerza pública, las medidas pertinentes para que los procesos electorales se desarrollen en condiciones de garantías y libertad irrestrictas. En caso de que esté decretado el reclutamiento militar, podrá igualmente el Tribunal dictar las medidas adecuadas para que no se estorbe el proceso electoral, a fin de que todos los ciudadanos puedan emitir libremente su voto. Estas medidas las hará cumplir el tribunal por sí o por medio de los delegados que designe;

7) Efectuar el escrutinio definitivo de los sufragios emitidos en las elecciones de Presidente y Vicepresidentes de la República, Diputados a la Asamblea Legislativa, miembros de las Municipalidades y Representantes a Asambleas Constituyentes;

8) Hacer la declaratoria definitiva de la elección de Presidente y Vicepresidentes de la República, dentro de los treinta días

siguientes a la fecha de la votación y en el plazo que la ley determine, la de los otros funcionarios citados en el inciso anterior;

9) Organizar, dirigir, fiscalizar, escrutar y declarar los resultados de los procesos de referéndum. No podrá convocarse a más de un referéndum al año; tampoco durante los seis meses anteriores ni posteriores a la elección presidencial. Los resultados serán vinculantes para el Estado si participa, al menos, el treinta por ciento (30%) de los ciudadanos inscritos en el padrón electoral, para la legislación ordinaria, y el cuarenta por ciento (40%) como mínimo, para las reformas parciales de la Constitución y los asuntos que requieran aprobación legislativa por mayoría calificada;

10) Las otras funciones que le encomiende esta Constitución o las leyes.

Reforma: Adicionado el inciso 9) por ley n.° 8281 del 28 de mayo de 2002, publicada en La Gaceta n.° 118 del 20 de junio de 2002.

Sentencias SC: 01628-1994; 18564-2008; y, 04616-2009.

Irrecurribilidad de las resoluciones del Tribunal Supremo de Elecciones

Artículo 103.- Las resoluciones del Tribunal Supremo de Elecciones no tienen recurso, salvo la acción por prevaricato.

Sentencias SC: 02150-1992; 01093-1994; y, 13313-2010.

Funciones del Registro Civil

Artículo 104.- Bajo la dependencia exclusiva del Tribunal Supremo de Elecciones está el Registro Civil, cuyas funciones son:

1) Llevar el Registro Central del Estado Civil y formar las listas de electores;

2) Resolver las solicitudes para adquirir y recuperar la calidad de costarricense, así como los casos de pérdida de nacionalidad; ejecutar las sentencias judiciales que suspendan la ciudadanía y resolver las gestiones para recobrarla. Las resoluciones que dicte el Registro Civil de conformidad con las atribuciones a que se refiere este inciso, son apelables ante el Tribunal Supremo de Elecciones;

3) Expedir las cédulas de identidad;

4) Las demás atribuciones que le señalen esta Constitución y las leyes.

Sentencias SC: 05389-2004; y, 10113-2007.

TÍTULO IX. EL PODER LEGISLATIVO

CAPÍTULO I. Organización de la Asamblea Legislativa

Artículo 105.- La potestad de legislar reside en el pueblo, el cual la delega en la Asamblea Legislativa por medio del sufragio. Tal potestad no podrá ser renunciada ni estar sujeta a limitaciones mediante ningún convenio ni contrato, directa ni indirectamente, salvo por los tratados, conforme a los principios del Derecho Internacional.

Potestad legislativa

El pueblo también podrá ejercer esta potestad mediante el referéndum, para aprobar o derogar leyes y reformas parciales de la Constitución, cuando lo convoque al menos un cinco por ciento (5%) de los ciudadanos inscritos en el padrón electoral; la Asamblea Legislativa, mediante la aprobación de las dos terceras partes del total de sus miembros, o el Poder Ejecutivo junto con la mayoría absoluta de la totalidad de los miembros de la Asamblea Legislativa.

El referéndum no procederá si los proyectos son relativos a materia presupuestaria, tributaria, fiscal, monetaria, crediticia, de pensiones, seguridad, aprobación de empréstitos y contratos o actos de naturaleza administrativa.

Este instituto será regulado por ley, aprobada por las dos terceras partes de la totalidad de los miembros de la Asamblea Legislativa.

Reformas: Reformado por ley n.° 7128 del 18 de agosto de 1989, publicada en La Gaceta n.° 166 del 1.° de septiembre de 1989. Reformado por ley n.° 8281 del 28 de mayo de 2002, publicada en La Gaceta n.° 118 de 20 de junio de 2002.

Sentencias SC: 15349-2007; 01001-2008; y, 16335-2010.

Artículo 106.- Los Diputados tienen ese carácter por la Nación y serán elegidos por provincias.

Personas diputadas y composición de la Asamblea Legislativa

La Asamblea se compone de cincuenta y siete Diputados. Cada vez que se realice un censo general de población, el Tribunal Supremo de Elecciones asignará a las provincias las diputaciones, en proporción a la población de cada una de ellas.

Reforma: Reformado por ley n.° 2741 del 12 de mayo de 1961, publicada en el tomo I de la Colección de Leyes y Decretos de 1961, La Gaceta n.° 112 del 18 de mayo de 1961.

Sentencias SC: 08746-2000; y, 02865-2003.

Duración del mandato de las personas diputadas

Artículo 107.- Los Diputados durarán en sus cargos cuatro años y no podrán ser reelectos en forma sucesiva.

Sentencias SC: 17221-2011; y, 17921-2011.

Requisitos para la persona diputada

Artículo 108.- Para ser Diputado se requiere:

1) Ser ciudadano en ejercicio;

2) Ser costarricense por nacimiento, o por naturalización con diez años de residir en el país después de haber obtenido la nacionalidad;

3) Haber cumplido veintiún años de edad.

Sentencias SC: 05479-1994; y, 06780-1994.

Inelegibilidad en diputación

Artículo 109.- No pueden ser elegidos Diputados, ni inscritos como candidatos para esa función:

1) El Presidente de la República o quien lo sustituya en el ejercicio de la Presidencia al tiempo de la elección;

2) Los Ministros de Gobierno;

3) Los Magistrados propietarios de la Corte Suprema de Justicia;

4) Los Magistrados propietarios y suplentes del Tribunal Supremo de Elecciones, y el Director del Registro Civil;

5) Los militares en servicio activo;

6) Los que ejerzan jurisdicción, autoridad civil o de policía, extensiva a una provincia;

7) Los gerentes de las instituciones autónomas;

8) Los parientes de quien ejerza la Presidencia de la República hasta el segundo grado consanguinidad o afinidad, inclusive.

Estas incompatibilidades afectarán a quienes desempeñen los cargos indicados dentro de los seis meses anteriores a la fecha de la elección.

Sentencias SC: 18564-2008; y, 12826-2010.

Inmunidad penal e irresponsabilidad de diputación

Artículo 110.- El Diputado no es responsable por las opiniones que emita en la Asamblea. Durante las sesiones no podrá ser arrestado por causa civil, salvo autorización de la Asamblea o que el Diputado lo consienta.

Desde que sea declarado electo propietario o suplente, hasta que termine su período legal, no podrá ser privado de su libertad por motivo penal, sino cuando previamente haya sido suspendido por la Asamblea. Esta inmunidad no surte efecto en el caso de flagrante delito, o cuando el Diputado la renuncie. Sin embargo, el Diputado que haya sido detenido por flagrante delito, será puesto en libertad si la Asamblea lo ordenare.

Sentencias SC: 09685-2000; y, 07242-2004.

Prohibición de cargo simultáneo para la persona diputada

Artículo 111.- Ningún Diputado podrá aceptar, después de juramentado, bajo pena de perder su credencial, cargo o empleo de los otros Poderes del Estado o de las instituciones autónomas, salvo cuando se trate de un Ministerio de Gobierno. En este caso se reincorporará a la Asamblea al cesar en sus funciones.

Esta prohibición no rige para los que sean llamados a formar parte de delegaciones internacionales, ni para los que desempeñan cargos en instituciones de beneficencia, o catedráticos de la Universidad de Costa Rica o en otras instituciones de enseñanza superior del Estado.

Reformas: Reformado por ley n.° 3118 del 16 de mayo de 1963, publicada en La Gaceta n.° 118 del 26 de mayo de 1963.
Reformado por ley n.° 5697 del 9 de junio de 1975, publicada en La Gaceta n.° 110 del 13 de junio de 1975.

Sentencias SC: 18564-2008; y, 12826-2010.

Deber de probidad de la persona diputada

Artículo 112.- La función legislativa es también incompatible con el ejercicio de todo otro cargo público de elección popular.

Los diputados no pueden celebrar, ni directa ni indirectamente, o por representación, contrato alguno con el Estado, ni obtener concesión de bienes públicos que implique privilegio, ni intervenir como directores, administrativos o gerentes en empresas que contraten con el Estado, obras, suministros o explotación de servicios públicos.

La violación a cualquiera de las prohibiciones consignadas en este artículo o en el anterior, producirá la pérdida de la credencial de diputado. Lo mismo ocurrirá si en el ejercicio de un Ministerio de Gobierno, el diputado incurriere en alguna de esas prohibiciones.

Los diputados cumplirán con el deber de probidad. La violación de ese deber producirá la pérdida de la credencial de diputado, en los casos y de acuerdo con los procedimientos que establezca una ley que se aprobará por dos tercios del total de los miembros de la Asamblea Legislativa.

Reforma: Adicionado el párrafo final por ley n.° 9571 del 23 de mayo de 2018, publicada en el Alcance n.° 147 a La Gaceta n.° 150 del 20 de agosto de 2018.

Sentencias SC: 03050-2003; y, 18564-2008.

Remuneración y ayudas técnicas para la persona diputada

Artículo 113.- La ley fijará la asignación y las ayudas técnicas y administrativas que se acordaren para los diputados.

Reforma: Reformado por ley n.° 6960 del 1.° de junio de 1984, publicada en el tomo I de la Colección de Leyes y Decretos de 1984, La Gaceta n.° 113 del 13 de junio de 1984.

Sentencias SC: 00550-1991; y, 00194-1997.

Sede de la Asamblea Legislativa

Artículo 114.- La Asamblea residirá en la capital de la República, y tanto para trasladar su asiento a otro lugar como para suspender sus sesiones por tiempo determinado, se requerirán dos tercios de votos del total de sus miembros.

Sentencia SC: 14640-2006.

Directorio de la Asamblea Legislativa

Artículo 115.- La Asamblea elegirá su Directorio al iniciar cada legislatura.

El Presidente y el Vicepresidente han de reunir las mismas condiciones exigidas para ser Presidente de la República. El Presidente de la Asamblea prestará el juramento ante ésta y los Diputados ante el Presidente.

Sentencias SC: 06780-1994; y, 02088-1995.

Artículo 116.- La Asamblea Legislativa se reunirá cada año el día primero de mayo, aun cuando no haya sido convocada, y sus sesiones ordinarias durarán seis meses, divididas en dos períodos: del primero de agosto al treinta y uno de octubre y del primero de febrero al treinta de abril. Una legislatura comprende las sesiones ordinarias y extraordinarias celebradas entre el primero de mayo y el treinta de abril siguiente.

Períodos ordinario y extraordinario de la Asamblea Legislativa

Reforma: Reformado por ley n.° 9850 del 22 de junio de 2020, publicada en el Alcance n.° 240 a La Gaceta n.° 227 del 10 de septiembre de 2020.

Sentencias SC: 05582-1998; y, 06732-2006.

Artículo 117.- La Asamblea no podrá efectuar sus sesiones sin la concurrencia de dos tercios del total de sus miembros.

Quórum y publicidad de las sesiones de la Asamblea Legislativa

Si en el día señalado fuere imposible iniciar las sesiones, o si abiertas no pudieren continuarse por falta de quórum, los miembros presentes conminarán a los ausentes, bajo las sanciones que establezca el Reglamento, para que concurran, y la Asamblea abrirá o continuará las sesiones cuando se reúna el número requerido.

Las sesiones serán públicas salvo que por razones muy calificadas y de conveniencia general se acuerde que sean secretas por votación no menor de las dos terceras partes de los Diputados presentes.

Sentencias SC: 03397-2000; 03821-2002; y, 02624-2009.

Artículo 118.- El Poder Ejecutivo podrá convocar a la Asamblea Legislativa a sesiones extraordinarias. En éstas no se conocerá de materias distintas a las expresadas en el decreto de convocatoria, excepto que se trate del nombramiento de funcionarios que corresponda hacer a la Asamblea, o de las reformas legales que fueren indispensables al resolver los asuntos sometidos a su conocimiento.

Sesiones extraordinarias de la Asamblea Legislativa

Sentencias SC: 03410-1992; y, 03220-2000.

Artículo 119.- Las resoluciones de la Asamblea se tomarán por mayoría absoluta de votos presentes, excepto en los casos en que esta Constitución exija una votación mayor.

Mayoría de la Asamblea Legislativa

Sentencias SC: 00001-1992; y, 00990-1992.

Auxilio policial a la Asamblea Legislativa

Artículo 120.- El Poder Ejecutivo pondrá a la orden de la Asamblea Legislativa, la fuerza de policía que solicite el Presidente de aquélla.

Sentencia SC: 16193-2010.

CAPÍTULO II. Atribuciones de la Asamblea Legislativa

Atribuciones exclusivas de la Asamblea Legislativa

Artículo 121.- Además de las otras atribuciones que le confiere esta Constitución, corresponde exclusivamente a la Asamblea Legislativa:

1) Dictar las leyes, reformarlas, derogarlas y darles interpretación auténtica, salvo lo dicho en el capítulo referente al Tribunal Supremo de Elecciones;

2) Designar el recinto de sus sesiones, abrir y cerrar éstas, suspenderlas y continuarlas cuando así lo acordare;

3) Nombrar los Magistrados propietarios y suplentes de la Corte Suprema de Justicia;

4) Aprobar o improbar los convenios internacionales, tratados públicos y concordatos. Los tratados públicos y convenios internacionales, que atribuyan o transfieran determinadas competencias a un ordenamiento jurídico comunitario, con el propósito de realizar objetivos regionales y comunes, requerirán la aprobación de la Asamblea Legislativa, por votación no menor de los dos tercios de la totalidad de sus miembros. No requerirán aprobación legislativa los protocolos de menor rango, derivados de tratados públicos o convenios internacionales aprobados por la Asamblea, cuando estos instrumentos autoricen de modo expreso tal derivación;

5) Dar o no su asentimiento para el ingreso de tropas extranjeras al territorio nacional y para la permanencia de naves de guerra en los puertos y aeródromos;

6) Autorizar al Poder Ejecutivo para declarar el estado de defensa nacional y para concertar la paz;

7) Suspender por votación no menor de los dos tercios de la totalidad de sus miembros, en caso de evidente necesidad pública, los derechos y garantías individuales consignados en los artículos 22, 23, 24, 26, 28, 29, 30 y 37 de esta Constitución. Esta

suspensión podrá ser de todos o de algunos derechos y garantías, para la totalidad o parte del territorio, y hasta por treinta días; durante ella y respecto de las personas, el Poder Ejecutivo sólo podrá ordenar su detención en establecimientos no destinados a reos comunes o decretar su confinamiento en lugares habitados. Deberá también dar cuenta a la Asamblea en su próxima reunión de las medidas tomadas para salvar el orden público o mantener la seguridad del Estado. En ningún caso podrán suspenderse derechos o garantías individuales no consignados en este inciso;

8) Recibir el juramento de ley y conocer de las renuncias de los miembros de los Supremos Poderes, con excepción de los Ministros de Gobierno; resolver las dudas que ocurran en caso de incapacidad física o mental de quien ejerza la Presidencia de la República, y declarar si debe llamarse al ejercicio del Poder a quien deba sustituirlo;

9) Admitir o no las acusaciones que se interpongan contra quien ejerza la Presidencia de la República, Vicepresidentes, miembros de los Supremos Poderes y Ministros Diplomáticos, declarando por dos terceras partes de votos del total de la Asamblea si hay o no lugar a formación de causa contra ellos, poniéndolos, en caso afirmativo, a disposición de la Corte Suprema de Justicia para su juzgamiento;

10) Decretar la suspensión de cualquiera de los funcionarios que se mencionan en el inciso anterior, cuando haya de procederse contra ellos por delitos comunes;

11) Dictar los presupuestos ordinarios y extraordinarios de la República;

12) Nombrar al Contralor y Subcontralor Generales de la República;

13) Establecer los impuestos y contribuciones nacionales, y autorizar los municipales;

14) Decretar la enajenación o la aplicación a usos públicos de los bienes propios de la Nación.

No podrán salir definitivamente del dominio del Estado:

a) Las fuerzas que puedan obtenerse de las aguas del dominio público en el territorio nacional;

b) Los yacimientos de carbón, las fuentes y depósitos de petróleo, y cualesquiera otras sustancias hidrocarburadas, así como los depósitos de minerales radiactivos existentes en el territorio nacional;

c) Los servicios inalámbricos.

Los bienes mencionados en los apartes a), b) y c) anteriores sólo podrán ser explotados por la administración pública o por particulares, de acuerdo con la ley o mediante concesión especial otorgada por tiempo limitado y con arreglo a las condiciones y estipulaciones que establezca la Asamblea Legislativa.

Los ferrocarriles, muelles y aeropuertos nacionales —estos últimos mientras se encuentren en servicio— no podrán ser enajenados, arrendados ni gravados, directa o indirectamente, ni salir en forma alguna del dominio y control del Estado.

15) Aprobar o improbar los empréstitos o convenios similares que se relacionen con el crédito público, celebrados por el Poder Ejecutivo. Para efectuar la contratación de empréstitos en el exterior o de aquéllos que, aunque convenidos en el país, hayan de ser financiados con capital extranjero, es preciso que el respectivo proyecto sea aprobado por las dos terceras partes del total de los votos de los miembros de la Asamblea Legislativa;

16) Conceder la ciudadanía honorífica por servicios notables prestados a la República, y decretar honores a la memoria de las personas cuyas actuaciones eminentes las hubieran hecho acreedoras a esas distinciones;

17) Determinar la ley de la unidad monetaria y legislar sobre la moneda, el crédito, las pesas y medidas. Para determinar la ley de la unidad monetaria, la Asamblea deberá recabar previamente la opinión del organismo técnico encargado de la regulación monetaria;

18) Promover el progreso de las ciencias y de las artes y asegurar por tiempo limitado, a los autores e inventores, la propiedad de sus respectivas obras e invenciones; 19) Crear establecimientos para la enseñanza y progreso de las ciencias y de las artes, señalándoles rentas para su sostenimiento y especialmente procurar la generalización de la enseñanza primaria;

20) Crear los Tribunales de Justicia y los demás organismos para el servicio nacional;

21) Otorgar por votación no menor de las dos terceras partes de la totalidad de sus miembros, amnistía e indulto generales por delitos políticos, con excepción de los electorales, respecto de los cuales no cabe ninguna gracia;

22) Darse el Reglamento para su régimen interior, el cual, una vez adoptado, no se podrá modificar sino por votación no menor de las dos terceras partes del total de sus miembros;

23) Nombrar Comisiones de su seno para que investiguen cualquier asunto que la Asamblea les encomiende, y rindan el informe correspondiente. Las Comisiones tendrán libre acceso a todas las dependencias oficiales para realizar las investigaciones y recabar los datos que juzguen necesarios. Podrán recibir toda clase de pruebas y hacer comparecer ante sí a cualquier persona, con el objeto de interrogarla;

24) Formular interpelaciones a los Ministros de Gobierno, y además, por dos tercios de votos presentes, censurar a los mismos funcionarios, cuando a juicio de la Asamblea fueren culpables de actos inconstitucionales o ilegales, o de errores graves que hayan causado o puedan causar perjuicio evidente a los intereses públicos. Se exceptúan de ambos casos, los asuntos en tramitación de carácter diplomático o que se refieran a operaciones militares pendientes.

Reformas: Reformados los incisos 4) y 15) por ley n.° 4123 del 31 de mayo de 1968, publicada en el tomo II de la Colección de Leyes y Decretos de 1968, La Gaceta n.° 127 del 4 de junio de 1968.

Sentencias SC: 15419-2008; y, 02698-2011 (inciso 1). 03638-1995; y, 16409-2010 (inciso 2). 07832-2002; y, 00848-2003 (inciso 3). 00835-1990; 04606-1994; y, 08974-2000 (inciso 4). 04156-1999; y, 09122-2013 (inciso 5). 04275-1995; y, 09992-2004 (inciso 6). 08675-2003; y, 09427-2009 (inciso 7). 09408-2003; y, 00360-2004 (inciso 8). 00957-1991; y, 04182-2014 (inciso 9). 11352-2010 (inciso 10). 10545-2001; y, 09427-2009 (inciso 11). 04581-2005; y, 10008-2005 (inciso 12). 00121-1989; y, 06644-1999 (inciso 13). 03272-1995; 03821-2002; y, 15763-2011 (inciso 14). 00841-2002 (inciso 15). 01633-1996 (inciso 16). 11275-2005 (inciso 17). 06414-2012 (inciso 18).

14391-2009 (inciso 19). 04588-1997 (inciso 20). 06937-1995 (inciso 21). 02865-2003; y, 07961-2005 (inciso 22). 01953-1997; 06802-1998; y, 04562-1999 (inciso 23). 01749-2001; y, 13428-2004 (inciso 24).

Prohibiciones de la Asamblea Legislativa

Artículo 122.- Es prohibido a la Asamblea dar votos de aplauso respecto de actos oficiales, así como reconocer a cargo del Tesoro Público obligaciones que no hayan sido previamente declaradas por el Poder Judicial, o aceptadas por el Poder Ejecutivo, o conceder becas, pensiones, jubilaciones o gratificaciones.

Sentencias SC: 05500-2000; y, 07981-2003.

CAPÍTULO II. Formación de las Leyes

Iniciativa legislativa

Artículo 123.- Durante las sesiones ordinarias, la iniciativa para formar las leyes le corresponde a cualquier miembro de la Asamblea Legislativa, al Poder Ejecutivo, por medio de los ministros de Gobierno y al cinco por ciento (5%) como mínimo, de los ciudadanos inscritos en el padrón electoral, si el proyecto es de iniciativa popular.

La iniciativa popular no procederá cuando se trate de proyectos relativos a materia presupuestaria, tributaria, fiscal, de aprobación de empréstitos y contratos o actos de naturaleza administrativa.

Los proyectos de ley de iniciativa popular deberán ser votados definitivamente en el plazo perentorio indicado en la ley, excepto los de reforma constitucional, que seguirán el trámite previsto en el artículo 195 de esta Constitución.

Una ley adoptada por las dos terceras partes del total de los miembros de la Asamblea Legislativa, regulará la forma, los requisitos y las demás condiciones que deben cumplir los proyectos de ley de iniciativa popular.

Reforma: Reformado por ley n.° 8381 del 28 de mayo de 2002, publicada en La Gaceta n.° 118 del 20 de junio de 2002.

Sentencias SC: 03410-1992, y, 09257-2000.

Procedimiento legislativo

Artículo 124.- Para convertirse en ley, todo proyecto deberá ser objeto de dos debates, cada uno en día distinto no consecutivo, obtener la aprobación de la Asamblea Legislativa y la sanción del Poder Ejecutivo; además, deberá publicarse en La Gaceta, sin perjuicio de los requisitos que esta Constitución establece tanto para casos especiales como para los que se resuelvan por iniciativa popular y referéndum, según los artículos 102, 105, 123 y 129 de esta Constitución. No tendrán carácter de leyes ni requerirán, por tanto, los trámites anteriores, los acuerdos tomados en uso de las atribuciones enumeradas en los incisos 2), 3), 5), 6), 7), 8), 9), 10), 12), 16), 21), 22), 23) y 24) del artículo 121 así como el acto legislativo para convocar a referéndum, los cuales se votarán en una sola sesión y deberán publicarse en La Gaceta.

La Asamblea Legislativa puede delegar, en comisiones permanentes, el conocimiento y la aprobación de proyectos de ley. No obstante, la Asamblea podrá avocar, en cualquier momento, el debate o la votación de los proyectos que hubiesen sido objeto de delegación. No procede la delegación si se trata de proyectos de ley relativos a la materia electoral, a la creación de los impuestos nacionales o a la modificación de los existentes, al ejercicio de las facultades previstas en los incisos 4), 11), 14), 15) y 17) del artículo 121 de la Constitución Política, a la convocatoria a una Asamblea Constituyente, para cualquier efecto, y a la reforma parcial de la Constitución Política.

La Asamblea nombrará las comisiones permanentes con potestad legislativa plena, de manera que su composición refleje, proporcionalmente, el número de diputados de los partidos políticos que la componen. La delegación deberá ser aprobada por mayoría de dos tercios de la totalidad de los miembros de la Asamblea, y la avocación, por mayoría absoluta de los diputados presentes.

El Reglamento de la Asamblea regulará el número de estas comisiones y las demás condiciones para la delegación y la avocación, así como los procedimientos que se aplicarán en estos casos.

La aprobación legislativa de contratos, convenios y otros actos de naturaleza administrativa, no dará a esos actos carácter de leyes, aunque se haga a través de los trámites ordinarios de éstas.

Reformas: Reformado el párrafo segundo por ley n.° 5702 del 5 de junio de 1975, publicada en La Gaceta 110 del 13 de junio de 1975.
Reformado por ley n.° 7347 del 1.° de julio de 1993, publicada en La Gaceta n.° 137 del 20 de julio de 1993.
Reformado el primer párrafo por ley n.° 8281 del 28 de mayo de 2002, publicada en La Gaceta n.° 118 del 20 de junio de 2002.

Sentencias SC: 02235-2005; 02896-2008; y, 11096-2009.

Veto del Poder Ejecutivo

Artículo 125.- Si el Poder Ejecutivo no aprobare el proyecto de ley votado por la Asamblea, lo vetará y lo devolverá con las objeciones pertinentes. No procede el veto en cuanto al proyecto que aprueba el Presupuesto Ordinario de la República.

Sentencias SC: 00121-1989; y, 14008-2012.

Objeción del Poder Ejecutivo

Artículo 126.- Dentro de los diez días hábiles contados a partir de la fecha en que se haya recibido un proyecto de ley aprobado por la Asamblea Legislativa, el Poder Ejecutivo podrá objetarlo porque lo juzgue inconveniente o crea necesario hacerle reformas; en este último caso las propondrá al devolver el proyecto. Si no lo objeta dentro de ese plazo no podrá el Poder Ejecutivo dejar de sancionarlo y publicarlo.

Sentencia SC: 00392-1990.

Reconsideración y resello legislativos

Artículo 127.- Reconsiderado el proyecto por la Asamblea, con las observaciones del Poder Ejecutivo, y si la Asamblea las desechare y el proyecto fuere nuevamente aprobado por dos tercios de votos del total de sus miembros, quedará sancionado y se mandará a ejecutar como ley de la República. Si se adoptaren las modificaciones propuestas, se devolverá el proyecto al Poder Ejecutivo, quien no podrá negarle la sanción. De ser desechadas, y de no reunirse los dos tercios de votos para resellarlo, se archivará y no podrá ser considerado sino hasta la siguiente legislatura.

Sentencias SC: 09075-2002; y, 09079-2002.

Veto por razones inconstitucionalidad

Artículo 128.- Si el veto se funda en razones de inconstitucionalidad no aceptadas por la Asamblea Legislativa, ésta enviará el decreto legislativo a la Sala indicada en el artículo 10, para que resuelva el diferendo dentro de los treinta días naturales siguientes a la fecha en que reciba el expediente. Se tendrán por desechadas las disposiciones declaradas inconstitucionales y las demás se enviarán a la Asamblea Legislativa para la tramitación correspondiente. Lo mismo se hará con el proyecto de ley aprobado por la Asamblea Legislativa, cuando la Sala declare que no contiene disposiciones inconstitucionales.

Reforma: Reformado por ley n.° 7128 del 18 de agosto de 1989, publicada en La Gaceta n.° 166 del 1.° de setiembre de 1989.

Sentencias SC: 07166-1994; y, 11696-2008.

Aprobación, vigencia y derogatoria de las leyes

Artículo 129.- Las leyes son obligatorias y surten efectos desde el día que ellas designen; a falta de este requisito, diez días después de su publicación en el Diario Oficial.

Nadie puede alegar ignorancia de la ley salvo en los casos que la misma autorice.

No tiene eficacia la renuncia de las leyes en general, ni la especial de las de interés público.

Los actos y convenios contra las leyes prohibitivas serán nulos, si las mismas leyes no disponen otra cosa.

La ley no queda abrogada ni derogada sino por otra posterior; contra su observancia no podrá alegarse desuso, costumbre ni práctica en contrario. Por vía de referéndum, el pueblo podrá abrogarla o derogarla, de conformidad con el artículo 105 de esta Constitución.

Reforma: Reformado el último párrafo por ley n.° 8281 del 28 de mayo de 2002, publicada en La Gaceta n.° 118 del 20 de junio de 2002.

Sentencias SC: 05246-1998; 02294-2008; y, 09398-2011.

TÍTULO X. EL PODER EJECUTIVO

CAPÍTULO I. El Presidente y los Vicepresidentes de la República

Poder Ejecutivo

Artículo 130.- El Poder Ejecutivo lo ejercen, en nombre del pueblo, el Presidente de la República y los Ministros de Gobierno en calidad de obligados colaboradores.

Sentencias SC: 06732-2005; y, 10117-2005.

Requisitos para la Presidencia y las Vicepresidencias de la República

Artículo 131.- Para ser Presidente o Vicepresidente de la República se requiere:

1) Ser costarricense por nacimiento y ciudadano en ejercicio;

2) Ser del estado seglar;

3) Ser mayor de treinta años.

Sentencia SC: 10540-2004.

Inelegibilidad para la Presidencia y las Vicepresidencias

Artículo 132.- No podrá ser elegido Presidente ni Vicepresidente:

1) El que hubiera servido a la Presidencia en cualquier lapso dentro de los ocho años anteriores al período para cuyo ejercicio se verificare la elección, ni el Vicepresidente o quien lo sustituya, que la hubiere servido durante la mayor parte de cualquiera de los períodos que comprenden los expresados ocho años;

2) El Vicepresidente que hubiera conservado esa calidad en los doce meses anteriores a la elección, y quien en su lugar hubiera ejercido la Presidencia por cualquier lapso dentro de ese término;

3) El que sea por consanguinidad o afinidad ascendiente, descendiente, o hermano de quien ocupe la Presidencia de la República al efectuarse la elección o del que la hubiera desempeñado en cualquier lapso dentro de los seis meses anteriores a esa fecha;

4) El que haya sido Ministro de Gobierno durante los doce meses anteriores a la fecha de la elección;

5) Los Magistrados propietarios de la Corte Suprema de Justicia, los Magistrados propietarios y suplentes del Tribunal Supremo de Elecciones, el Director del Registro Civil, los directores o gerentes de las instituciones autónomas, el Contralor y Subcontralor Generales de la República. Esta incompatibilidad comprenderá a las personas que hubieran desempeñado los cargos indicados dentro de los doce meses anteriores a la fecha de la elección.

Reforma: Reformado el inciso 1) por ley n.° 4349 del 11 de julio de 1969, publicada en La Gaceta n.° 159 del 15 de julio de 1969.

Nota aclaratoria: Por resolución n.° 2771-2003 de las 11:40 horas del 4 de abril del 2003, la Sala Constitucional anuló la reforma al inciso 1) del artículo 132 —de la ley n.° 4349— y, en consecuencia, recobró vigencia el texto anterior a dicha reforma.

Sentencias SC: 02771-2003; y, 15094-2005.

Artículo 133.- La elección de Presidente y Vicepresidente se hará el primer domingo de febrero del año en que debe efectuarse la renovación de estos funcionarios.

Elección de la Presidencia y las Vicepresidencias

Sentencia SC: 06119-2022.

Artículo 134.- El período presidencial será de cuatro años. Los actos de los funcionarios públicos y de los particulares que violen el principio de alternabilidad en el ejercicio de la Presidencia, o el de la libre sucesión presidencial, consagrados por esta Constitución implicarán traición a la República. La responsabilidad derivada de tales actos será imprescriptible.

Período presidencial y alternabilidad

Sentencias SC: 03475-2003; y, 01632-2009.

Artículo 135.- Habrá dos Vicepresidentes de la República, quienes reemplazarán en su ausencia absoluta al Presidente, por el orden de su nominación. En sus ausencias temporales, el Presidente podrá llamar a cualquiera de los Vicepresidentes para que lo sustituya.

Vicepresidencias y sustitución de la Presidencia

Cuando ninguno de los Vicepresidentes pueda llenar las faltas temporales o definitivas del Presidente, ocupará el cargo el Presidente de la Asamblea Legislativa.

Sentencia SC: 01482-2002.

Artículo 136.- El Presidente y los Vicepresidentes de la República tomarán posesión de sus cargos el día ocho de mayo; y terminado el período constitucional cesarán por el mismo hecho en el ejercicio de los mismos.

Toma de posesión de la Presidencia y las Vicepresidencias

Sentencia SC: 01482-2002.

Artículo 137.- El Presidente y los Vicepresidentes prestarán juramento ante la Asamblea Legislativa; pero si no pudieren hacerlo ante ella, lo harán ante la Corte Suprema de Justicia.

Juramento de la Presidencia y las Vicepresidencias

Sentencias SC: 11696-2008; y, 08920-2011.

Artículo 138.- El Presidente y los Vicepresidentes serán elegidos simultáneamente y por una mayoría de votos que exceda

Elección de la Presidencia y las Vicepresidencias

del cuarenta por ciento del número total de sufragios válidamente emitidos.

Los candidatos a Presidente y Vicepresidentes de un partido, deben figurar para su elección en una misma nómina, con exclusión de cualquier otro funcionario a elegir.

Si ninguna de las nóminas alcanzare la indicada mayoría, se practicará una segunda elección popular el primer domingo de abril del mismo año entre las dos nóminas que hubieran recibido más votos, quedando elegidos los que figuren en la que obtenga el mayor número de sufragios.

Si en cualquiera de las elecciones dos nóminas resultaren con igual número de sufragios suficientes, se tendrá por elegido para Presidente el candidato de mayor edad, y para Vicepresidentes a los respectivos candidatos de la misma nómina.

No pueden renunciar a la candidatura para la Presidencia o Vicepresidencias los ciudadanos incluidos en una nómina ya inscrita conforme a la ley, ni tampoco podrán abstenerse de figurar en la segunda elección los candidatos de las dos nóminas que hubieran obtenido mayor número de votos en la primera.

Sentencia SC: 06037-2006.

CAPÍTULO II. Deberes y atribuciones de quienes ejercen el Poder Ejecutivo

Deberes y atribuciones de la Presidencia

Artículo 139.- Son deberes y atribuciones exclusivas de quien ejerce la Presidencia de la República:

1) Nombrar y remover libremente a los Ministros de Gobierno;

2) Representar a la Nación en los actos de carácter oficial;

3) Ejercer el mando supremo de la fuerza pública;

4) Presentar a la Asamblea Legislativa, al iniciarse el primer período anual de sesiones, un mensaje escrito relativo a los diversos asuntos de la Administración y al estado político de la República y en el cual deberá, además, proponer las medidas que juzgue de importancia para la buena marcha del Gobierno y el progreso y bienestar de la Nación;

5) Comunicar de previo a la Asamblea Legislativa, cuando se proponga salir del país, los motivos de su viaje.

Reformas: Reformado el inciso 5) por ley n.° 5700 del 6 de junio de 1975, publicada en el tomo IV de la Colección de Leyes y Decretos de 1975, La Gaceta n.° 114 del 19 de junio de 1975 Reformado por ley n.° 7674 del 17 de junio de 1997, publicada en el Alcance n.° 32 a La Gaceta n.° 118 del 20 de junio de 1997.

Sentencias SC: 01049-2001; y, 10117-2005.

Deberes y atribuciones conjuntas de la Presidencia y el respectivo Ministerio

Artículo 140.- Son deberes y atribuciones que corresponden conjuntamente al Presidente y al respectivo Ministro de Gobierno:

1) Nombrar y remover libremente a los miembros de la fuerza pública, a los empleados y funcionarios que sirvan cargos de confianza, y a los demás que determine, en casos muy calificados, la Ley de Servicio Civil;

2) Nombrar y remover, con sujeción a los requisitos prevenidos por la Ley de Servicio Civil, a los restantes servidores de su dependencia;

3) Sancionar y promulgar las leyes, reglamentarlas, ejecutarlas y velar por su exacto cumplimiento;

4) En los recesos de la Asamblea Legislativa, decretar la suspensión de derechos y garantías a que se refiere el inciso 7) del artículo 121 en los mismos casos y con las mismas limitaciones que allí se establecen y dar cuenta inmediatamente a la Asamblea. El decreto de suspensión de garantías equivale, ipso facto, a la convocatoria de la Asamblea a sesiones, la cual deberá reunirse dentro de las cuarenta y ocho horas siguientes. Si la Asamblea no confirmare la medida por dos tercios de votos de la totalidad de sus miembros, se tendrán por restablecidas las garantías.

Si por falta de quórum no pudiere la Asamblea reunirse, lo hará el día siguiente con cualquier número de Diputados. En este caso el decreto del Poder Ejecutivo necesita ser aprobado por votación no menor de las dos terceras partes de los presentes;

5) Ejercer iniciativa en la formación de las leyes, y el derecho de veto;

6) Mantener el orden y la tranquilidad de la Nación, tomar las providencias necesarias para el resguardo de las libertades públicas;

7) Disponer la recaudación e inversión de las rentas nacionales de acuerdo con las leyes;

8) Vigilar el buen funcionamiento de los servicios y dependencias administrativos;

9) Ejecutar y hacer cumplir todo cuanto resuelvan o dispongan en los asuntos de su competencia los tribunales de Justicia y los organismos electorales, a solicitud de los mismos;

10) Celebrar convenios, tratados públicos y concordatos, promulgarlos y ejecutarlos una vez aprobados por la Asamblea Legislativa o por una Asamblea Constituyente, cuando dicha aprobación la exija esta Constitución.

Los protocolos derivados de dichos tratados públicos o convenios internacionales que no requieran aprobación legislativa, entrarán en vigencia una vez promulgados por el Poder Ejecutivo.

11) Rendir a la Asamblea Legislativa los informes que ésta le solicite en uso de sus atribuciones;

12) Dirigir las relaciones internacionales de la República;

13) Recibir a los Jefes de Estado así como a los representantes diplomáticos, y admitir a los Cónsules de otras naciones;

14) Convocar a la Asamblea Legislativa a sesiones ordinarias y extraordinarias;

15) Enviar a la Asamblea Legislativa el proyecto de Presupuesto Nacional en la oportunidad y con los requisitos determinados en esta Constitución;

16) Disponer de la fuerza pública para preservar el orden, defensa y seguridad del país;

17) Expedir patentes de navegación;

18) Darse el Reglamento que convenga para el régimen interior de sus despachos y expedir los demás reglamentos y ordenanzas necesarios para la pronta ejecución de las leyes;

19) Suscribir los contratos administrativos no comprendidos en el inciso 14) del artículo 121 de esta Constitución, a reserva de someterlos a la aprobación de la Asamblea Legislativa cuando estipulen exención de impuestos o tasas, o tengan por objeto la explotación de servicios públicos, recursos o riquezas naturales del Estado.

La aprobación legislativa a estos contratos no les dará carácter de leyes ni los eximirá de su régimen jurídico administrativo. No se aplicará lo dispuesto en este inciso a los empréstitos u otros convenios similares, a que se refiere el inciso 15) del artículo 121, los cuales se regirán por sus normas especiales;

20) Cumplir los demás deberes y ejercer las otras atribuciones que le confieren esta Constitución y las leyes.

Reformas: Reformado el inciso 10 por ley n.° 4123 del 31 de mayo de 1968, publicada en el tomo II de la Colección de Leyes y Decretos de 1968, La Gaceta n.° 127 del 4 de junio de 1968. Derogada la frase final del segundo párrafo del inciso 19) por ley n.° 5702 del 5 de junio de 1975, publicada en el tomo IV de la Colección de Leyes y Decretos de 1975, La Gaceta n.° 110 del 13 de junio de 1975

Sentencias SC: 10109-2010; y, 15175-2010 (inciso 1). 11411-2000 (inciso 2). 05227-1994; 06732-2006; y, 01963-2012 (inciso 3). 08675-2005 (inciso 4). 06732-2006 (inciso 5). 03020-2000; y, 10068-2006 (inciso 6). 09170-2006 (inciso 7). 07271-2002 (inciso 8). 06630-1993; y, 10492-2004 (inciso 9). 06725-1999; y, 00127-2013 (inciso 10). 4063-2003 (inciso 11). 09443-2002; y, 02261-2011 (inciso 12). 14094-2008 (inciso 13). 01634-1993 (inciso 14). 07598-1994 (inciso 15). 03493-2002; y, 18702-2010 (inciso 16). 03077-1997 (inciso 17). 01260-1990 (inciso 18). 06240-1993 (inciso 19). 06345-1997 (inciso 20).

CAPÍTULO III. Los Ministros de Gobierno

Ministerios de Gobierno

Artículo 141.- Para el despacho de los negocios que corresponden al Poder Ejecutivo habrá los Ministros de Gobierno que determine la ley. Se podrá encargar a un solo Ministro dos a más Carteras.

Sentencias SC: 10117-2005; y, 18007-2006.

Requisitos para la persona ministra

Artículo 142.- Para ser Ministro se requiere:

1) Ser ciudadano en ejercicio;

2) Ser costarricense por nacimiento, o por naturalización con diez años de residencia en el país, después de haber obtenido la nacionalidad;

3) Ser del estado seglar;

4) Haber cumplido veinticinco años de edad.

Sentencia SC: 06780-1994.

Incompatibilidades de las personas ministras

Artículo 143.- La función del Ministro es incompatible con el ejercicio de todo otro cargo público, sea o no de elección popular, salvo el caso de que leyes especiales les recarguen funciones. Son aplicables a los Ministros, las reglas, prohibiciones y sanciones establecidas en los artículos 110, 111, 112, de esta Constitución, en lo conducente.

Los Vicepresidentes de la República pueden desempeñar Ministerios.

Sentencia SC: 01749-2001.

Memoria anual de los Ministerios

Artículo 144.- Los Ministros de Gobierno presentarán a la Asamblea Legislativa cada año, dentro de los primeros quince días del primer período de sesiones ordinarias, una memoria sobre los asuntos de su dependencia.

Sentencia SC: 01254-2006.

Concurrencia de las personas ministras en Asamblea Legislativa

Artículo 145.- Los Ministros de Gobierno podrán concurrir en cualquier momento, con voz pero sin voto, a las sesiones de la Asamblea Legislativa, y deberán hacerlo cuando ésta así lo disponga.

Sentencia SC: 02430 - 1994.

Validez de los decretos y el nombramiento y la remoción de las personas ministras

Artículo 146.- Los decretos, acuerdos, resoluciones y órdenes del Poder Ejecutivo, requieren para su validez las firmas del Presidente de la República y del Ministro del ramo y, además en los casos que esta Constitución establece, la aprobación del Consejo de Gobierno.

Para el nombramiento y remoción de los Ministros bastará la firma del Presidente de la República.

Sentencias SC: 10117-2005; y, 17600-2006.

CAPÍTULO IV. El Consejo de Gobierno

Integración y funciones del Consejo de Gobierno

Artículo 147.- El Consejo de Gobierno lo forman el Presidente de la República y los Ministros, para ejercer, bajo la Presidencia del primero, las siguientes funciones:

1) Solicitar de la Asamblea Legislativa la declaratoria del estado de defensa nacional y la autorización para decretar el reclutamiento militar, organizar el ejército y negociar la paz;

2) Ejercer el derecho de gracia en la forma que indique la ley;

3) Nombrar y remover a los Representantes Diplomáticos de la República;

4) Nombrar a los directores de las instituciones autónomas cuya designación corresponda al Poder Ejecutivo;

5) Resolver los demás negocios que le someta el Presidente de la República quien, si la gravedad de algún asunto lo exige, podrá invitar a otras personas para que, con carácter consultivo, participen en las deliberaciones del Consejo.

Sentencias SC: 00716-1998; 04781-2011; y, 06758-2011.

CAPÍTULO V. Responsabilidades de quienes ejercen el Poder Ejecutivo

Responsabilidades de los miembros del Poder Ejecutivo

Artículo 148.- El Presidente de la República será responsable del uso que hiciere de aquellas atribuciones que según esta Constitución le corresponden en forma exclusiva. Cada Ministro de Gobierno será conjuntamente responsable con el Presidente, respecto al ejercicio de las atribuciones que esta Constitución les otorga a ambos. La responsabilidad por los actos del Consejo de Gobierno alcanzará a todos los que hayan concurrido con su voto a dictar el acuerdo respectivo.

Sentencias SC: 08474-2004; y, 04781-2011.

Responsabilidades conjuntas de la Presidencia y el respectivo Ministerio

Artículo 149.- El Presidente de la República y el Ministro de Gobierno que hubieran participado en los actos que enseguida se indican, serán también conjuntamente responsables:

1) Cuando comprometan en cualquier forma la libertad, la independencia política o la integridad territorial de la República;

2) Cuando impidan o estorben directa o indirectamente las elecciones populares, o atenten contra los principios de alternabilidad en el ejercicio de la Presidencia o de la libre sucesión presidencial, o contra la libertad, orden o pureza del sufragio;

3) Cuando impidan o estorben las funciones propias de la Asamblea Legislativa, o coarten su libertad e independencia;

4) Cuando se nieguen a publicar o ejecutar las leyes y demás actos legislativos;

5) Cuando impidan o estorben las funciones propias del Poder Judicial, o coarten a los Tribunales la libertad con que deben juzgar las causas sometidas a su decisión, o cuando obstaculicen en alguna forma las funciones que corresponden a los organismos electorales o a las Municipalidades;

6) En todos los demás casos en que por acción u omisión viole el Poder Ejecutivo alguna ley expresa.

Sentencia SC: 06758-2011.

Vigencia de la responsabilidad de la Presidencia y las personas ministras

Artículo 150.- La responsabilidad de quien ejerce la Presidencia de la República y de los Ministros de Gobierno por hechos que no impliquen delito, solo podrá reclamarse mientras se encuentren en el ejercicio de sus cargos y hasta cuatro años después de haber cesado en sus funciones.

Reforma: Reformado por ley n.° 8004 del 22 de junio de 2000, publicada en La Gaceta n.° 143 del 26 de julio de 2000.

Sentencia SC: 06891-1999.

Fuero penal de la Presidencia y las Vicepresidencias

Artículo 151.- El Presidente, los Vicepresidentes de la República o quien ejerza la Presidencia, no podrán ser perseguidos, ni juzgados sino después de que, en virtud de acusación interpuesta, haya declarado la Asamblea Legislativa haber lugar a formación de causa penal.

Sentencias SC: 06933-1995; y, 11352-2010.

TÍTULO XI. EL PODER JUDICIAL

CAPÍTULO ÚNICO

Corte Suprema de Justicia

Artículo 152.- El Poder Judicial se ejerce por la Corte Suprema de Justicia y por los demás tribunales que establezca la ley.

Sentencias SC: 05965-1993; y, 07626-2002.

Artículo 153.- Corresponde al Poder Judicial, además de las funciones que esta Constitución le señala, conocer de las causas civiles, penales, comerciales, de trabajo, y contencioso-administrativas así como de las otras que establezca la ley, cualquiera que sea su naturaleza y la calidad de las personas que intervengan; resolver definitivamente sobre ellas y ejecutar las resoluciones que pronuncie, con la ayuda de la fuerza pública si fuere necesario.

Funciones del Poder Judicial

Sentencias SC: 01148-1990; y, 7965-2006.

Artículo 154.- El Poder Judicial sólo está sometido a la Constitución y a la ley, y las resoluciones que dicte en los asuntos de su competencia no le imponen otras responsabilidades que las expresamente señaladas por los preceptos legislativos.

Sometimiento del Poder Judicial a la Constitución y la ley

Sentencias SC: 01265-1995; y, 04849-2009.

Artículo 155.- Ningún tribunal puede avocar el conocimiento de causas pendientes ante otro. Únicamente los tribunales del Poder Judicial podrán solicitar los expedientes ad effectum videndi.

Imposibilidad de avocamiento de causas judiciales

Sentencias SC: 06588-2000; 03749-2003; y 03922-2010.

Artículo 156.- La Corte Suprema de Justicia es el tribunal superior del Poder Judicial, y de ella dependen los tribunales, funcionarios y empleados en el ramo judicial, sin perjuicio de lo que dispone esta Constitución sobre servicio civil.

Corte Suprema de Justicia es tribunal superior

Sentencias SC: 05113-2001; y 07496-2001.

Artículo 157.- La Corte Suprema de Justicia estará formada por los Magistrados que fueren necesarios para el buen servicio; serán elegidos por la Asamblea Legislativa, la cual integrará las diversas Salas que indique la ley. La disminución del número de Magistrados, cualquiera que éste llegue a ser, sólo podrá acordarse previos todos los trámites dispuestos para las reformas parciales a esta Constitución.

Integración de la Corte Suprema de Justicia y elección de las personas magistradas

Reforma: Reformado ley n.° 1749 del 8 de junio de 1954, publicada en el tomo I de la Colección de Leyes y Decretos de 1954, La Gaceta n.° 130 del 11 de junio de 1954.

Sentencias SC: 00848-2003; y, 04184-2012.

Elección y periodo de las personas magistradas

Artículo 158.- Los Magistrados de la Corte Suprema de Justicia serán elegidos por un período de ocho años y por los votos de dos terceras partes de la totalidad de los miembros de la Asamblea Legislativa. En el desempeño de sus funciones, deberán actuar con eficiencia y se considerarán reelegidos para períodos iguales, salvo que en votación no menor de dos terceras partes de la totalidad de los miembros de la Asamblea Legislativa se acuerde lo contrario. Las vacantes serán llenadas para períodos completos de ocho años.

Reforma: Reformado por ley n.° 8365 del 15 de julio de 2003, publicada en La Gaceta n.° 146 del 31 de julio de 2003.

Sentencias SC: 02621-1995; y, 06247-2013.

Requisitos de las personas magistradas

Artículo 159.- Para ser Magistrado se requiere:

1) Ser costarricense por nacimiento, por naturalización, con domicilio en el país no menor de diez años después de obtenida la carta respectiva. Sin embargo, el Presidente de la Corte Suprema de Justicia deberá ser costarricense por nacimiento;

2) Ser ciudadano en ejercicio;

3) Pertenecer al estado seglar;

4) Ser mayor de treinta y cinco años;

5) Poseer título de abogado, expedido o legalmente reconocido en Costa Rica, y haber ejercido la profesión durante diez años por lo menos, salvo que se tratare de funcionarios judiciales con práctica judicial no menor de cinco años.

Los Magistrados deberán, antes de tomar posesión del cargo, rendir la garantía que establezca la ley.

Reforma: Reformado el inciso 5) por ley n.° 2026 del 15 de junio de 1956, publicada en el tomo I de la Colección de Leyes y Decretos de 1956, La Gaceta n.° 138 del 21 de junio de 1956.

Sentencias SC: 00848-2003; 10422-2003; y, 09812-2004.

Inelegibilidad de las personas magistradas

Artículo 160.- No podrá ser elegido Magistrado quien se halle ligado por parentesco de consanguinidad o afinidad hasta el tercer grado inclusive, con un miembro de la Corte Suprema de Justicia.

Sentencias SC: 03864-1996; y, 00848-2003.

Incompatibilidad de la Magistratura

Artículo 161.- Es incompatible la calidad de Magistrado con la de funcionario de los otros Supremos Poderes.

Sentencias SC: 15714-2007; y, 06051-2008.

Presidencias de la Corte Suprema de Justicia y sus Salas

Artículo 162.- La Corte Suprema de Justicia nombrará a su presidente, de la nómina de magistrados que la integran, asimismo nombrará a los presidentes de las diversas salas, todo en la forma y por el tiempo que señale la ley.

Reforma: Reformado por ley n.° 6769 del 2 de junio de 1982, publicada en el tomo I de la Colección de Leyes y Decretos de 1982, La Gaceta n.° 124 del 30 de junio de 1982.

Sentencia SC: 07189-1994.

Elección y reposición de las personas magistradas

Artículo 163.- La elección y reposición de los Magistrados de la Corte Suprema de Justicia, se harán dentro de los treinta días naturales posteriores al vencimiento del período respectivo o de la fecha en que se comunique que ha ocurrido una vacante.

Reforma: Reformado por ley n.° 8365 del 15 de julio de 2003, publicada en La Gaceta n.° 146 del 31 de julio de 2003.

Sentencias SC: 13419-2004; y, 07593-2009.

Magistraturas suplentes

Artículo 164.- La Asamblea Legislativa nombrará no menos de veinticinco Magistrados suplentes escogidos entre la nómina de cincuenta candidatos que le presentará la Corte Suprema de Justicia. Las faltas temporales de los Magistrados serán llenadas por sorteo que hará la Corte Suprema entre los Magistrados suplentes. Si vacare un puesto de Magistrado suplente, la elección recaerá en uno de los dos candidatos que proponga la Corte y se efectuará en la primera sesión ordinaria o extraordinaria que celebre la Asamblea Legislativa después de recibir la comunicación correspondiente. La ley señalará el plazo de su ejercicio y las condiciones, restricciones y prohibiciones establecidas para los propietarios, que no son aplicables a los suplentes.

Sentencias SC: 09022-2007; y, 04298-2008.

Suspensión de las Magistraturas

Artículo 165.- Los Magistrados de la Corte Suprema de Justicia no podrán ser suspendidos sino por declaratoria de haber lugar a formación de causa, o por los otros motivos que expresa la ley en el capítulo correspondiente al régimen disciplinario. En este último caso, el acuerdo habrá de tomarse por la Corte Suprema de Justicia, en votación secreta no menor de los tercios del total de sus miembros.

Sentencias SC: 07496-2001; 00883-2014; y, 00885-2014.

Jurisdicciones ordinarias

Artículo 166.- En cuanto a lo que no esté previsto por esta Constitución, la ley señalará la jurisdicción, el número y la duración de los tribunales, así como sus atribuciones, los principios a los cuales deben ajustar sus actos y la manera de exigirles responsabilidad.

Sentencias SC: 17649-2007; y, 02892-2010.

Informe de la Corte Suprema de Justicia

Artículo 167.- Para la discusión y aprobación de proyectos de ley que se refieran a la organización o funcionamiento del Poder Judicial, deberá la Asamblea Legislativa consultar a la Corte Suprema de Justicia; para apartarse del criterio de ésta, se requerirá el voto de las dos terceras partes del total de los miembros de la Asamblea.

Sentencias SC: 13273-2001; y, 06866-2005.

TÍTULO XII. EL RÉGIMEN MUNICIPAL

CAPÍTULO ÚNICO

División administrativa territorial

Artículo 168.- Para los efectos de la Administración Pública el territorio nacional se divide en provincias, éstas en cantones y los cantones en distritos. La ley podrá establecer distribuciones especiales. La Asamblea Legislativa podrá decretar, observando los trámites de reforma parcial a esta Constitución, la creación de nuevas provincias, siempre que el proyecto respectivo fuera aprobado de previo en un plebiscito que la Asamblea ordenará celebrar en la provincia o provincias que soporten la desmembración. La creación de nuevos cantones requiere ser aprobada por la Asamblea Legislativa mediante votación no menor de los dos tercios del total de sus miembros.

Sentencias SC: 01370-2003; y, 06118-2013.

Estructura de los gobiernos municipales

Artículo 169.- La administración de los intereses y servicios locales en cada cantón, estará a cargo del Gobierno Municipal, formado de un cuerpo deliberante, integrado por regidores municipales de elección popular, y de un funcionario ejecutivo que designará la ley.

Sentencias SC: 01119-1990; 06469-1997; 05445-1999; y, 13577-2007.

Autonomía municipal

Artículo 170.- Las corporaciones municipales son autónomas. En el Presupuesto Ordinario de la República, se les asignará a todas las municipalidades del país una suma que no será inferior a un diez por ciento (10%) de los ingresos ordinarios calculados para el año económico correspondiente.

La ley determinará las competencias que se trasladarán del Poder Ejecutivo a las corporaciones municipales y la distribución de los recursos indicados.

Reforma: Reformado por ley n.° 8106 del 3 de junio de 2001, publicada en La Gaceta n.° 132 del 10 de julio de 2001.

Sentencias SC: 10136-2000; 07136-2007; y, 13577-2007.

Regidurías municipales

Artículo 171.- Los regidores municipales serán elegidos por cuatro años y desempeñarán sus cargos obligatoriamente.

La ley determinará el número de Regidores y la forma en que actuarán. Sin embargo, las Municipalidades de los cantones centrales de provincias estarán integradas por no menos de cinco Regidores propietarios e igual número de suplentes.

Las Municipalidades se instalarán el primero de mayo del año correspondiente.

Reformas: Reformado por ley n.° 2214 del 6 de junio de 1958, publicada en La Gaceta n.° 127 del 10 de junio de 1958.
Reformado por ley n.° 2741 del 12 de mayo de 1961, publicada en el tomo I de la Colección de Leyes y Decretos de 1961, La Gaceta n.° 112 del 18 de mayo de 1961.

Sentencias SC: 03414-1995; 10728-2008; y, 10878-2013.

Artículo 172.- Cada distrito estará representado ante la Municipalidad por un Síndico propietario y un suplente con voz pero sin voto.

Sindicaturas de distrito y Concejos Municipales de Distrito

Para la administración de los intereses y servicios en los distritos del cantón, en casos calificados, las municipalidades podrán crear concejos municipales de distrito, como órganos adscritos a la respectiva municipalidad con autonomía funcional propia, que se integrarán siguiendo los mismos procedimientos de elección popular utilizados para conformar las municipalidades. Una ley especial, aprobada por dos tercios del total de los diputados, fijará las condiciones especiales en que pueden ser creados y regulará su estructura, funcionamiento y financiación.

Reforma: Reformado por ley n.° 8105 del 31 de mayo de 2001, publicada en el Alcance n.° 46-A a La Gaceta n.° 115 del 15 de junio de 2001.

Sentencias SC: 03773-2000; y, 14373-2011.

Objeción y recurso contra los acuerdos municipales

Artículo 173.- Los acuerdos municipales podrán ser:

1) Objetados por el funcionario que indique la ley, en forma de veto razonado;

2) Recurridos por cualquier interesado.

En ambos casos, si la Municipalidad no revoca o reforma el acuerdo objetado, o recurrido, los antecedentes pasarán al Tribunal dependiente del Poder Judicial que indique la ley para que resuelva definitivamente.

Sentencias SC: 03605-2011; y, 13828-2011.

Autorización legislativa a las municipalidades

Artículo 174.- La ley indicará en qué casos necesitarán las Municipalidades autorización legislativa para contratar empréstitos, dar en garantía sus bienes o rentas, o enajenar bienes muebles o inmuebles.

Sentencias SC: 10136-2000; y, 15738-2010.

Presupuestos municipales

Artículo 175.- Las Municipalidades dictarán sus presupuestos ordinarios o extraordinarios, los cuales necesitarán, para entrar en vigencia, la aprobación de la Contraloría General que fiscalizará su ejecución.

Sentencias SC: 12613-2006; y, 10746-2011.

TÍTULO XIII. LA HACIENDA PÚBLICA

CAPÍTULO I. El presupuesto de la República

Presupuesto nacional

Artículo 176.- La gestión pública se conducirá de forma sostenible, transparente y responsable, la cual se basará en un marco de presupuestación plurianual, en procura de la continuidad de los servicios que presta.

El presupuesto ordinario de la República comprende todos los ingresos probables y todos los gastos autorizados de la Administración Pública, durante todo el año económico. En ningún caso, el monto de los gastos presupuestos podrá exceder el de los ingresos probables.

La Administración Pública, en sentido amplio, observará las reglas anteriores para dictar sus presupuestos.

El presupuesto de la República se emitirá para el término de un año, del primero de enero al treinta y uno de diciembre.

Reforma: Adicionado el párrafo primero y reformado el párrafo tercero por ley n.° 9696 del 29 de mayo de 2019, publicada en La Gaceta n.° 147 del 7 de agosto de 2019.

Sentencias SC: 00121-1989; 06859-1996; y, 09192-1998.

Trámite presupuestario y fondos reservados

Artículo 177.- La preparación del proyecto ordinario corresponde al Poder Ejecutivo por medio de un Departamento especializado en la materia, cuyo jefe será de nombramiento del Presidente de la República, para un período de seis años. Este Departamento tendrá autoridad para reducir o suprimir cualquiera de las partidas que figuren en los anteproyectos formulados por los Ministerios de Gobierno, Asamblea Legislativa, Corte Suprema de Justicia y Tribunal Supremo de Elecciones. En caso de conflicto, decidirá definitivamente el Presidente de la República. Los gastos presupuestados por el Tribunal Supremo de Elecciones para dar efectividad al sufragio, no podrán ser objetados por el Departamento a que se refiere este artículo.

En el proyecto se le asignará al Poder Judicial una suma no menor del seis por ciento de los ingresos ordinarios calculados para el año económico. Sin embargo, cuando esta suma resultare superior a la requerida para cubrir las necesidades fundamentales presupuestas por ese Poder, el Departamento mencionado incluirá la diferencia como exceso, con un plan de inversión adicional, para que la Asamblea Legislativa determine lo que corresponda.

Para lograr la universalización de los seguros sociales y garantizar cumplidamente el pago de la contribución del Estado como tal y como patrono, se crearán a favor de la Caja Costarricense de Seguro Social rentas suficientes y calculadas en tal forma que cubran las necesidades actuales y futuras de la Institución. Si se produjere un déficit por insuficiencia de esas rentas, el Estado lo asumirá para lo cual el Poder Ejecutivo deberá incluir en su próximo proyecto de Presupuesto la partida respectiva que le determine como necesaria la citada institución para cubrir la totalidad de las cuotas del Estado.

El Poder Ejecutivo preparará, para el año económico respectivo, los proyectos de presupuestos extraordinarios, a fin de invertir los ingresos provenientes del uso del crédito público o de cualquier otra fuente extraordinaria.

Reformas: Reformado por ley n.° 2122 del 22 de mayo de 1957, publicada en La Gaceta n.° 121 del 30 de mayo de 1957.
Reformado por ley n.° 2345 del 20 de mayo de 1959, publicada en La Gaceta n.° 118 del 28 de mayo de 1959
Reformado por ley n.° 2738 del 12 de mayo de 1961, publicada en La Gaceta n.° 111 del 17 de mayo de 1961.

Sentencias SC: 09192-1998; y, 00056-2008.

Aprobación legislativa de la ley de presupuesto

Artículo 178.- El proyecto de presupuesto ordinario será sometido a conocimiento de la Asamblea Legislativa por el Poder Ejecutivo, a más tardar el primero de setiembre de cada año, y la Ley de Presupuesto deberá estar definitivamente aprobada antes del treinta de noviembre del mismo año.

Sentencias SC: 17617-2005; y, 08728-2008.

Aumento excepcional del presupuesto

Artículo 179.- La Asamblea no podrá aumentar los gastos presupuestos por el Poder Ejecutivo, si no es señalando los nuevos ingresos que hubieren de cubrirlos, previo informe de la Contraloría General de la República sobre la efectividad fiscal de los mismos.

Sentencias SC: 08287-1997; y, 09427-2009.

Modificaciones presupuestarias

Artículo 180.- El presupuesto ordinario y los extraordinarios constituyen el límite de acción de los Poderes Públicos para el uso y disposición de los recursos del Estado, y sólo podrán ser modificados por leyes de iniciativa del Poder Ejecutivo.

Todo proyecto de modificación que implique aumento o creación de gastos deberá sujetarse a lo dispuesto en el artículo anterior.

Sin embargo, cuando la Asamblea esté en receso, el Poder Ejecutivo podrá variar el destino de una partida autorizada, o abrir créditos adicionales, pero únicamente para satisfacer necesidades urgentes o imprevistas en casos de guerra, conmoción interna o calamidad pública. En tales casos, la Contraloría no podrá negar su aprobación a los gastos ordenados y el decreto respectivo implicará convocatoria de la Asamblea Legislativa a sesiones extraordinarias para su conocimiento.

Sentencias SC: 03410-1992; 05500-2000; y, 01369-2001.

Liquidaciones presupuestarias

Artículo 181.- El Poder Ejecutivo enviará a la Contraloría la liquidación del presupuesto ordinario y de los extraordinarios que se hubieran acordado, a más tardar el primero de marzo siguiente al vencimiento del año correspondiente; la Contraloría deberá remitirla a la Asamblea, junto con su dictamen, a más tardar el primero de mayo siguiente. La aprobación o improbación definitiva de las cuentas corresponde a la Asamblea Legislativa.

Sentencias SC: 09192-1998; y, 15253-2003.

Licitaciones públicas

Artículo 182.- Los contratos para la ejecución de obras públicas que celebren los Poderes del Estado, las Municipalidades y las instituciones autónomas, las compras que se hagan con fondos de estas entidades y las ventas o arrendamientos de bienes pertenecientes a las mismas, se harán mediante licitación, de acuerdo con la ley en cuanto al monto respectivo.

Sentencias SC: 03410-2002; y, 10450-2008.

CAPÍTULO II. La Contraloría General de la República

Contraloría General de la República

Artículo 183.- La Contraloría General de la República es una institución auxiliar de la Asamblea Legislativa en la vigilancia de la Hacienda Pública; pero tiene absoluta independencia funcional y administrativa en el desempeño de sus labores.

La Contraloría está a cargo de un Contralor y un Subcontralor. Ambos funcionarios serán nombrados por la Asamblea Legislativa, dos años después de haberse iniciado el período presidencial, para un término de ocho años; pueden ser reelectos indefinidamente, y gozarán de las inmunidades y prerrogativas de los miembros de los Supremos Poderes.

El Contralor y Subcontralor responden ante la Asamblea por el cumplimiento de sus funciones y pueden ser removidos por ella, mediante votación no menor de las dos terceras partes del total de sus miembros, si en el expediente creado al efecto se les comprobare ineptitud o procederes incorrectos.

Sentencias SC: 09380-2005; 13437-2010; y, 09397-2011.

Deberes y atribuciones de la Contraloría General de la República

Artículo 184.- Son deberes y atribuciones de la Contraloría:

1) Fiscalizar la ejecución y liquidación de los presupuestos ordinarios y extraordinarios de la República.

No se emitirá ninguna orden de pago contra los fondos del Estado sino cuando el gasto respectivo haya sido visado por la Contraloría; ni constituirá obligación para el Estado la que no haya sido refrendada por ella.

2) Examinar, aprobar o improbar los presupuestos de las Municipalidades e instituciones autónomas, y fiscalizar su ejecución y liquidación;

3) Enviar anualmente a la Asamblea Legislativa, en su primera sesión ordinaria, una memoria del movimiento correspondiente al año económico anterior, con detalle de las labores del Contralor y exposición de las opiniones y sugestiones que éste considere necesarias para el mejor manejo de los fondos públicos;

4) Examinar, glosar y fenecer las cuentas de las instituciones del Estado y de los funcionarios públicos;

5) Las demás que esta Constitución o las leyes le asignen.

Sentencias SC: 10450-2008; y, 07212-2012.

CAPÍTULO III. La Tesorería Nacional

Artículo 185.- La Tesorería Nacional es el centro de operaciones de todas las oficinas de rentas nacionales; este organismo es el único que tiene facultad legal para pagar a nombre del Estado y recibir las cantidades que a títulos de rentas o por cualquier otro motivo, deban ingresar a las arcas nacionales.

Tesorería Nacional

Sentencias SC: 04606-1994; y, 04529-1999.

Artículo 186.- La Tesorería está a cargo de un Tesorero Nacional y de un Subtesorero. Ambos funcionarios gozan de independencia en el ejercicio de sus atribuciones, las cuales serán reguladas por la ley. Los nombramientos se harán en Consejo de Gobierno, por períodos de cuatro años, y sólo podrán ser removidos estos funcionarios por justa causa.

Nombramiento e independencia de la Tesorería y la Subtesorería nacionales

Sentencia SC: 18935-2019.

Artículo 187.- Todo gasto a cargo del Tesoro Nacional que no se refiera a sueldos del personal permanente de la Administración Pública consignado en el presupuesto, deberá ser publicado en el Diario Oficial.

Publicidad de gastos y excepciones a ese deber

Quedan exceptuados de la formalidad de publicación aquellos gastos que, por circunstancias muy especiales, considere el Consejo de Gobierno que no deben publicarse, pero en este caso lo informará confidencial e inmediatamente, a la Asamblea Legislativa y a la Contraloría.

Sentencia SC: 14348-2009.

TÍTULO XIV. LAS INSTITUCIONES AUTÓNOMAS

CAPÍTULO ÚNICO

Artículo 188.- Las instituciones autónomas del Estado gozan de independencia administrativa y están sujetas a la ley en materia de gobierno. Sus directores responden por su gestión.

Independencia de las instituciones autónomas

Reforma: Reformado por ley n.° 4123 del 31 de mayo de 1968, publicada en el tomo II de la Colección de Leyes y Decretos de 1968, La Gaceta n.° 127 del 4 de junio de 1968.

Sentencias SC: 00919-1999; 11552-2000; y, 15655-2011.

Instituciones autónomas

Artículo 189.- Son instituciones autónomas:

1) Los Bancos del Estado;

2) Las instituciones aseguradoras del Estado;

3) Las que esta Constitución establece, y los nuevos organismos que creare la Asamblea Legislativa por votación no menor de los dos tercios del total de sus miembros.

Sentencias SC: 11657-2001; y, 00455-2011.

Informe de las instituciones autónomas

Artículo 190.- Para la discusión y aprobación de proyectos relativos a una institución autónoma, la Asamblea Legislativa oirá previamente la opinión de aquélla.

Sentencias SC: 02675-2012; y, 07914-2014.

TÍTULO XV. EL SERVICIO CIVIL

CAPÍTULO ÚNICO

Estatuto del Servicio Civil

Artículo 191.- Un estatuto de servicio civil regulará las relaciones entre el Estado y los servidores públicos, con el propósito de garantizar la eficiencia de la administración.

Sentencias SC: 06624-1994; 07689-2008; 08223-2012; y, 17013-2012.

Personas servidoras públicas

Artículo 192.- Con las excepciones que esta Constitución y el estatuto de servicio civil determinen, los servidores públicos serán nombrados a base de idoneidad comprobada y sólo podrán ser removidos por las causales de despido justificado que exprese la legislación de trabajo, o en el caso de reducción forzosa de servicios, ya sea por falta de fondos o para conseguir una mejor organización de los mismos.

Sentencias SC: 01681-1996; 01144-2007; 06455-2009; 03996-2012; y, 08223-2012.

Artículo 193.- El Presidente de la República, los Ministros de Gobierno y los funcionarios que manejen fondos públicos, están obligados a declarar sus bienes, los cuales deben ser valorados, todo conforme a la ley.

Declaración de bienes

Sentencias SC: 01900-1998; y, 11133-2008.

TÍTULO XVI. EL JURAMENTO CONSTITUCIONAL

CAPÍTULO ÚNICO

Artículo 194.- El juramento que deben prestar los funcionarios públicos, según lo dispuesto en el artículo 11 de esta Constitución es el siguiente:

Juramento constitucional

"– ¿Juráis a Dios y prometéis a la Patria, observar y defender la Constitución y las leyes de la República, y cumplir fielmente los deberes de vuestro destino?

– Sí, juro.

– Si así lo hiciereis, Dios os ayude, y si no, El y la Patria os lo demanden".

Sentencias SC: 08920-2011; y, 09253-2012.

TÍTULO XVII. LAS REFORMAS DE LA CONSTITUCIÓN

CAPÍTULO ÚNICO

Artículo 195.- La Asamblea Legislativa podrá reformar parcialmente esta Constitución con absoluto arreglo a las siguientes disposiciones:

Reformas constitucionales parciales

1) La proposición para reformar uno o varios artículos debe ser presentada a la Asamblea Legislativa en sesiones ordinarias, firmada al menos por diez diputados o por el cinco por ciento (5%) como mínimo, de los ciudadanos inscritos en el padrón electoral;

2) Esta proposición será leída por tres veces con intervalos de seis días, para resolver si se admite o no a discusión;

3) En caso afirmativo pasará a una comisión nombrada por mayoría absoluta de la Asamblea, para que dictamine en un término de hasta veinte días hábiles;

4) Presentado el dictamen, se procederá a su discusión por los trámites establecidos para la formación de las leyes; dicha reforma deberá aprobarse por votación no menor de los dos tercios del total de los miembros de la Asamblea;

5) Acordado que procede la reforma, la Asamblea preparará el correspondiente proyecto, por medio de una Comisión, bastando en este caso la mayoría absoluta para aprobarlo;

6) El mencionado proyecto pasará al Poder Ejecutivo; y éste lo enviará a la Asamblea con el Mensaje Presidencial al iniciarse la próxima legislatura ordinaria, con sus observaciones, o recomendándolo;

7) La Asamblea Legislativa, en sus primeras sesiones, discutirá el proyecto en tres debates, y si lo aprobare por votación no menor de dos tercios de votos del total de los miembros de la Asamblea, formará parte de la Constitución, y se comunicará al Poder Ejecutivo para su publicación y observancia;

8) De conformidad con el artículo 105 de esta Constitución, las reformas constitucionales podrán someterse a referéndum después de ser aprobadas en una legislatura y antes de la siguiente, si lo acuerdan las dos terceras partes del total de los miembros de la Asamblea Legislativa.

Reformas: Reformado el inciso 3) por ley n.° 6053 del 15 de junio de 1977, publicada en el tomo V de la Colección de Leyes y Decretos de 1977, La Gaceta n.° 49 del 9 de marzo de 1978. Reformados los incisos 1) y 8) por ley n.° 8281 del 28 de mayo de 2002, publicada en La Gaceta n.° 118 del 20 de junio de 2002.

Sentencias SC: 00678-1991; 00720-1991; y, 00001-1992.

Reforma constitucional general

Artículo 196.- La reforma general de esta Constitución, sólo podrá hacerse por una Asamblea Constituyente convocada al efecto. La ley que haga esa convocatoria, deberá ser aprobada por votación no menor de dos tercios del total de los miembros de la Asamblea Legislativa y no requiere sanción del Poder Ejecutivo.

Reforma: Reformado por ley n.° 4123 del 31 de mayo de 1968, publicada en el tomo II de la Colección de Leyes y Decretos de 1968, La Gaceta n.° 127 del 4 de junio de 1968.

Sentencias SC: 07818-2000; 09257-2000; 02771-2003.

TÍTULO XVIII. DISPOSICIONES FINALES

CAPÍTULO ÚNICO

Artículo 197.- Esta Constitución entrará en plena vigencia el ocho de noviembre de 1949, y deroga las anteriores. Se mantiene en vigor el ordenamiento jurídico existente, mientras no sea modificado o derogado por los órganos competentes del Poder Público, o no quede derogado expresa o implícitamente por la presente Constitución.

Entrada en vigencia

Sentencias SC: 06347-2006; 10832-2011; y, 06469-1997.

DISPOSICIONES TRANSITORIAS

(Artículo 10).- La Sala que se crea en el artículo 10 estará integrada por siete magistrados y por los suplentes que determine la ley, que serán elegidos por la Asamblea Legislativa por votación no menor de los dos tercios de sus miembros. La Asamblea Legislativa hará el nombramiento de los miembros de la Sala dentro de las diez sesiones siguientes a la publicación de la presente ley; dos de ellos los escogerá de entre los miembros de la Sala Primera de la Corte Suprema de Justicia, cuya integración quedará así reducida. Mientras no se haya promulgado una ley de la jurisdicción constitucional, la Sala continuará tramitando los asuntos de su competencia, aún los pendientes, de conformidad con las disposiciones vigentes.

Reforma: Reformado por ley N.° 7128 del 18 de agosto de 1989, publicada en La Gaceta n.° 166 de 1.° de setiembre de 1989.

(Artículo 50-XX).- Se mantienen vigentes las leyes, las concesiones y los permisos de uso actuales, otorgados conforme a derecho, así como los derechos derivados de estos, mientras no entre en vigencia una nueva ley que regule el uso, la explotación y la conservación del agua.

Reforma: Adicionado el párrafo final por ley n.° 9849 del 5 de junio de 2020, publicada en La Gaceta n.° 159 del 2 de julio de 2020.

(Artículo 78).- Mientras no sea promulgada la ley a que se refiere el párrafo segundo del artículo 78 de la Constitución, el producto interno bruto se determinará conforme al procedimiento que el Poder Ejecutivo establezca por decreto.

Reforma: Reformado por ley n.° 7676 del 23 de julio de 1997, publicada en La Gaceta n.° 148 del 4 de agosto de 1997.

(Artículo 85).- Durante el quinquenio de 1981-1985, la distribución del fondo especial, a que se refiere este artículo, se hará de la siguiente manera: 59% para la Universidad de Costa Rica; 11.5% para el Instituto Tecnológico de Costa Rica; 23.5% para la Universidad Nacional y 6% para la Universidad Estatal a Distancia.

Reforma: Reformado por ley n.° 6580 del 18 de mayo de 1981, publicada en el tomo I de la Colección de Leyes y Decretos de 1981, La Gaceta n.° 186 del 10 de junio de 1981.

(Artículo 100).- La elección de los tres nuevos Magistrados suplentes se hará dentro de los dos meses siguientes a la promulgación de esta reforma constitucional; en ese acto la Corte Suprema de Justicia mediante sorteo, fijará la fecha en que vencerá el período de cada uno de esos suplentes, de manera que coincida con el vencimiento de los períodos de los suplentes elegidos antes de la presente reforma y que en lo sucesivo pueda procederse a elegir cada dos años a dos de los suplentes.

Reforma: Reformado el primer párrafo por ley n.° 3513 del 24 de junio de 1965, publicada en el tomo II de la Colección de Leyes y Decretos de 1965, La Gaceta n.° 148 del 3 de julio de 1965.

(Artículo 105).- Las leyes especiales referidas en los artículos 105 y 123 de la Constitución Política, aquí reformados, deberán dictarse dentro del año siguiente a la publicación de esta Ley. Durante este plazo, no entrará en vigor lo aquí dispuesto.

Reforma: Reformado por ley n.° 8281 del 28 de mayo de 2002, publicada en La Gaceta n.° 118 de 20 de junio de 2002.

(Artículo 116).- La Asamblea Legislativa que se elija en las elecciones que habrán de verificarse en el mes de octubre de mil novecientos cuarenta y nueve, de acuerdo con la convocatoria que al efecto hará el Tribunal Supremo de Elecciones, se instalará el ocho de noviembre de ese año, y cesará en sus funciones el treinta y uno de octubre de mil novecientos cincuenta y tres. El Presidente de la República, los Vicepresidentes y los Diputados a la Asamblea Legislativa que resulten elegidos en los comicios de mil novecientos cincuenta y tres, cuya fecha señalará oportunamente el Tribunal Supremo de Elecciones, ejercerán sus cargos por cuatro años y medio, o sea: el Presidente y los Vicepresidentes desde el ocho de noviembre de ese año hasta el ocho de mayo de mil novecientos cincuenta y ocho y los Diputados desde el primero de noviembre de mil novecientos cincuenta y tres hasta el treinta de abril de mil novecientos cincuenta y ocho, con el propósito de que en lo sucesivo el período presidencial se inicie el ocho de mayo, la Asamblea Legislativa se instale el primero de ese mes, y las elecciones presidenciales y de diputados se verifiquen en febrero, todo del año correspondiente.

(Artículo 123).- Las leyes especiales referidas en los artículos 105 y 123 de la Constitución Política, aquí reformados, deberán dictarse dentro del año siguiente a la publicación de esta Ley. Durante este plazo, no entrará en vigor lo aquí dispuesto.

Reforma: Reformado por ley n.° 8281 del 28 de mayo de 2002, publicada en La Gaceta n.° 118 de 20 de junio de 2002.

(Artículo 132, inciso 1).- Los actuales ex Presidentes de la República podrán ser reelectos por una sola vez, con arreglo a las disposiciones del artículo 132 anteriores a esta reforma.

Reforma: Reformado el inciso 1) por ley n.° 4349 del 11 de julio de 1969, publicada en La Gaceta n.° 159 del 15 de julio de 1969.

(Artículo 141).- Los Ministros de Gobierno que se nombren al iniciarse el próximo período presidencial tendrán las funciones determinadas en las leyes existentes sobre Secretarías de Estado, mientras no se legisle sobre la materia.

(Artículo 170).- La asignación presupuestaria establecida en el artículo 170 será progresiva, a razón de un uno coma cinco por ciento (1,5%) por año, hasta completar el diez por ciento

(10%) total. Periódicamente, en cada asignación de los recursos establecidos en el artículo 170, la Asamblea Legislativa deberá aprobar una ley que indique las competencias por trasladar a las corporaciones municipales. Hasta que la Asamblea Legislativa apruebe cada una de las leyes, no se les asignarán a las municipalidades los recursos correspondientes a ese período, de conformidad con lo indicado en ese mismo numeral. Rige un año después de su publicación.

Reforma: Reformado por ley n.° 8106 del 3 de junio de 2001, publicada en La Gaceta n.° 132 del 10 de julio de 2001.

(Artículo 171).- Los Regidores Municipales que resulten electos en las elecciones de febrero de mil novecientos sesenta y dos, ejercerán sus cargos desde el primero de julio de mil novecientos sesenta y dos hasta el treinta de abril de mil novecientos sesenta y seis.

Reforma: Reformado por ley n.° 2741 del 12 de mayo de 1961, publicada en el tomo I de la Colección de Leyes y Decretos de 1961, La Gaceta n.° 112 del 18 de mayo de 1961.

(Artículo 177).- El porcentaje a que se refiere el artículo 177 para el Presupuesto del Poder Judicial se fijará en una suma no menor del tres y un cuarto por ciento para el año 1958; en una suma no menor del cuatro por ciento para el año 1959 y en una suma no menor del uno por ciento más para cada uno de los años posteriores, hasta alcanzar el mínimo del seis por ciento indicado.

Reforma: Reformado por ley n.° 2738 del 12 de mayo de 1961, publicada en La Gaceta n.° 111 del 17 de mayo de 1961.

(Artículo 177, párrafo Tercero).- La Caja Costarricense de Seguro Social deberá realizar la universalización de los diversos seguros puestos a su cargo, incluyendo la protección familiar en el régimen de enfermedad y maternidad, en un plazo no mayor de diez años, contados a partir de la promulgación de esta reforma constitucional.

Reforma: Reformado por ley n.° 2738 del 12 de mayo de 1961, publicada en La Gaceta n.° 111 del 17 de mayo de 1961.

Dado en el Salón de Sesiones de la Asamblea Nacional Constituyente, Palacio Nacional.- San José, a los siete días del mes de noviembre de mil novecientos cuarenta y nueve.